자동차
세계사
100

자동차는 인간의 활동 범위를 어떻게 바꿔놓았나요?
자동차를 움직이는 최첨단 기술을 생각해본 적이 있나요?

탈것
도서관 1

자동차
세계사
100

임유신 지음

이케이북

1769년 증기자동차부터 미래의 자동차까지 한눈에 살펴요

자동차는 나온 지 6, 7년 정도 지나면 세대교체를 거쳐요. 완전히 바뀐다고 해서 완전 변경 또는 풀체인지라고 하지요. 굳이 세대교체를 거치지 않더라도 자동차가 달리는 데 지장은 없지만, 시대에 맞는 기술, 안전 수준, 유행에 맞추려면 큰 변화가 필요해요. 《어린이를 위한 자동차 세계사 100》이 나온 후 7년이 지나는 동안 자동차 시장은 빠르게 바뀌었어요. 당시에 소개했던 첨단 기술은 이제 널리 쓰일 정도로 흔해졌고, 미래형 자동차라고 적은 모델은 주변에서 쉽게 볼 수 있는 차가 되었어요. 바뀐 자동차 환경에 맞게 자동차가 세대교체를 거치듯 이 책도 개정판을 내게 되었어요.

🚗 자동차의 근본이 바뀌는 큰 변화가 이어지고 있어요

자동차는 스스로 움직이는 이동수단이라는 뜻이에요. 힘을 내는 엔진이 바퀴를 돌려 사람이나 짐을 실어 나르죠. 스스로 움직이지만 조작은 사람의 손을 거쳐요. 지금 한창 개발 중인 자율주행 자동차는 사람이 운전하지 않아도 알아서 도로 위를 굴러다녀요. 사람의 도움 없이 진짜 스스로 달리는 이동수단이 된 거죠.

자동차의 엔진을 돌리려면 연료를 태워야 해요. 연료는 자동차 초창기부터 석유에서 뽑아낸 가솔린이나 디젤을 사용해왔어요. 요즘에는 기름이 아닌 전기로 달리는 전기차가 빠르게 늘어나고 있어요. 전기차는 엔진이 아니라 전기 모터에서 힘을 얻어요. 자동차의 힘을 내는 부분이 완전히 다른 종류로 바뀌었어요.

자동차는 도로 위를 달려요. 도로를 무한정 넓힐 수 없는데 자동차는 계속 늘어나고 있어요. 많은 사람이 모여 사는 도시의 도로는 늘 복잡하죠. 부족한 도로 문제를 해결하는 방법으로 하늘을 나는 자동차가 새로운 미래 이동수단으로 떠오르고 있어요.

🛞 자동차 기술의 발전 속도는 갈수록 빨라지고 있어요

자동차의 근본이 뒤흔들리는 여러 변화는 아주 빠르게 일어나고 있어요. 요즘 자동차 분야

의 발전 속도를 보면 지난 100년보다 최근 10년의 변화가 더 빠르게 느껴질 정도예요. 불과 10여 년 전만 해도 전기차는 상용화 초기 단계였어요. 한 번 충전해서 달릴 수 있는 거리는 100km대에 그쳤죠. 충전하는 데도 오랜 시간이 걸렸어요. 그때만 해도 전기차가 제대로 된 자동차 역할을 하려면 한참 걸릴 거로 생각했어요. 그런데 이미 전기차는 무리 없이 타고 다닐 정도로 수준이 높아졌어요. 충전 후 주행거리는 700~800km 정도까지 길어졌고, 충전 시간도 20~30분으로 줄어들었어요. 전기차뿐만 아니라 자동차 여러 분야에서 상상하지도 못할 정도로 빠르게 기술이 발전하고 있어요.

자동차는 우리와 함께 사는 존재예요

집 밖을 나서는 순간부터 자동차를 볼 수 있어요. 주차장이나 도로에는 자동차가 넘쳐나죠. 우리나라 인구가 5200여만 명인데, 자동차 등록 대수는 2500만 대가 넘어요. 사람 두 명당 차 한 대가 있는 셈이죠. 이 정도면 함께 사는 존재라고 봐야 해요. 실제로도 집마다 적어도 차 한 대는 가지고 있으니 자동차가 식구나 마찬가지예요. 함께 살 뿐만 아니라 자가용이든 버스든 거의 매일 자동차를 이용해요. 실제 생활에서 긴밀한 관계를 맺고 있으니, 자연스레 자동차에 관심을 두게 돼요. 이왕이면 더 잘 알면 좋겠죠.

이 책은 1885년 카를 벤츠가 발명한 자동차부터 미래 자동차까지 다뤄요. 개정판에는 자동차의 근본이 바뀌는 큰 변화와 다른 어느 때보다 빠르게 발전하는 기술에 맞춰서 최신 이야기를 추가했어요. 자동차 공유 서비스, 증강 현실 기술, 친환경 소재 등 최신 이야기와 함께 이전 내용에도 변화한 부분을 요즘 내용에 맞게 바꿨어요. 자동차가 세대교체를 거치며 발전하듯이, 여러분의 자동차 지식도 이 책을 읽으며 더 깊어지기를 바랄게요.

2023년 2월
임유신

차례

들어가는 말 4

 1부 자동차의 발전과 미래 자동차

스스로 움직이는 차, 자동차의 정의 12

최초의 자동차, 퀴뇨의 증기차 14

시대별 자동차 특징 16

자동차도 함께 써요 18

미래 자동차 전기 모터로 굴러가는 자동차 20

미래 자동차 수소로 가는 자동차 22

미래 자동차 엔진과 모터가 함께 힘을 내는 하이브리드차 24

미래 자동차 스스로 움직이는 자율주행 자동차 26

못다 한 이야기 ① 자동차 경주는 무엇이 있나요? 28

 2부 자동차의 기술

열쇠가 없어도 시동을 걸 수 있어요 34

바늘과 숫자로 속도를 표시하는 계기판 36

어떻게 자동차는 찬 바람과 더운 바람이 한 곳에서 같이 나오나요? 38

자동차 경적 소리의 비밀 40

자동차의 심장, 엔진 42

자동차도 스마트폰처럼 다룰 수 있을까요? 46

1L로 100km를 달리는 자동차도 있어요 48

한 번 충전해서 1000km를 달려요 50

유리로 되어 있는 자동차 지붕은 약하지 않나요? 52

자동차 불빛의 다양한 역할 54

편리하고 안전한 경차 56

자동차와 소리 58

레이더가 달린 자동차는 스스로 거리를 조절해요 60

자동차가 커다란 게임기로 변해요 62
폐그물로 자동차 부품을 만들어요 64
못다 한 이야기 ② 걸어 다니는 사람의 안전까지 생각하는 자동차 66

3부 자동차의 디자인과 구조

지붕이 열리는 컨버터블 자동차 70
자동차 바퀴는 반드시 4개여야 할까요? 72
차 문이 위로 열리는 자동차 74
문이 2개인 차는 쿠페라고 불러요 76
다목적으로 쓰이는 차들 SUV, RV, MPV, CUV 78
세단과 왜건은 뭐가 다른가요? 80
둥글둥글한 자동차와 각진 자동차 82
자동차 회사별로 앞모습이 비슷하게 생겼어요 84
자동차는 왜, 언제 모양을 바꾸죠? 86
한 사람이 여러 자동차 회사에 디자인을 해주기도 해요 88
자동차의 재료 90
자동차에서도 활약하는 컴퓨터 92
쇼퍼드리븐과 오너드리븐 94
못다 한 이야기 ③ 자동차 디자이너가 되려면 무엇을 해야 하나요? 96

4부 세계 최고 자동차와 자동차 회사

세계 최초의 자동차는 사람이 뛰는 것보다 조금 빨랐어요 102
세계에는 자동차 회사가 몇 개나 있죠? 104
자동차의 상표, 브랜드는 계속 있는 게 아니에요 106
폴크스바겐은 국민차라는 뜻이에요 108
대중차와 200만 원대 자동차 110
고급차와 10억 원짜리 자동차 112
세계 최고의 차, 롤스로이스 114
SUV만 만드는 지프, 스포츠카만 만드는 페라리 116
자동차 엠블럼에는 동물 모양이 많아요 118
세계에서 가장 많이 팔린 차 120

대통령들은 어떤 차를 타나요? 122
세계 3대 스포츠카 회사 124
양의 탈을 쓴 늑대, 고성능 모델 126
세상의 단 한 사람만을 위한 자동차, 원오프 모델 128
자동차 회사가 만드는 다른 탈것들 130
못다 한 이야기 ④ 자동차는 어떻게 만들어질까요? 132

5부 재미있는 자동차 이야기

안전벨트가 있는데 카시트가 왜 필요한가요? 138
자동차 번호판 색깔은 왜 다를까요? 140
타이어가 펑크 나도 달릴 수 있나요? 142
타이어는 왜 검은색일까요? 144
노란색 불빛에서 흰색으로, 헤드라이트의 변화 146
트렁크가 앞에도 달렸어요 148
자동차의 힘, 마력과 토크 150
가솔린은 휘발유, 디젤은 경유라고 불러요 152
스포츠카는 왜 시끄러운 소리를 낼까요? 154
비행기보다 빠른 자동차 156
자동차가 빠를까요, 오토바이가 빠를까요? 158
최소 30~40년 된 차, 클래식카 160
자동차 화재의 원인은 기름이 아니에요 162
왜 검은색과 은색, 흰색 자동차가 많을까요? 164
왜 우리나라에는 큰 차와 세단이 많지요? 166
경주용차는 꼭 벌레처럼 생겼어요 168
자동차를 개발할 때는 여러 곳에서 테스트를 거쳐요 170
날아다니는 자동차는 실제로 있을까요? 172
차 안에 욕실과 부엌이 달렸어요 174
유명 자동차 드라이버는 얼마나 버나요? 176
자동차를 백화점처럼 전시하는 모터쇼 178
그림을 그리거나 모양을 변형해 꾸미는 아트카 180
못다 한 이야기 ⑤ 자동차의 구조, 보닛 속 세계 182

6부 자동차와 인물

벤츠·포드·페라리·포르쉐·토요타는 사람 이름이에요 186

디젤 엔진은 디젤이 만들었어요 192

자동차 공장에 컨베이어 벨트를 도입한 헨리 포드 194

현대자동차 창업주 정주영 196

세계 유명 자동차 디자이너 198

못다 한 이야기⑥ 세기의 라이벌, 페라리 vs 람보르기니 200

7부 기능과 역할이 다양한 자동차들

7종류의 소방차가 출동해요 206

119에 전화하면 구급차가 출동해요 208

경찰과 범죄자만 탈 수 있는 경찰차 210

자동차의 응급 구조대, 견인차 212

총알도 막아내는 튼튼한 군용차 214

다양한 종류의 특수차 216

못다 한 이야기⑦ 자동차 종류별 무게와 속도 218

8부 탈것의 역사

인류 움직이다 222

굴림대와 바퀴에서 수레로 224

말이 끄는 마차 226

사람의 동력으로 움직이는 자전거 228

오토바이의 등장 230

인류의 활동 영역을 넓힌 증기기관차 232

대륙을 잇는 기차의 활약 234

엔진으로 움직이는 탈것들 236

못다 한 이야기⑧ 태엽으로 가는 차를 생각한 레오나르도 다 빈치 238

1부

자동차의 발전과 미래 자동차

벤츠 심플렉스 28

자동차는 발명된 지 140여 년밖에 되지 않았지만, 인류 사회를 크게 바꿔놓았어요. 먼 거리를 빠르게 이동할 수 있는 자동차 덕분에 인간의 활동 범위는 넓어지고 다양한 교류가 일어났어요. 자동차의 역할은 이동수단에 그치지 않아요. 야외에서는 집 역할을 하고, 스포츠를 즐기는 수단으로도 쓰여요. 수집품으로 높은 가치를 인정받기도 하고, 취미 생활 도구로도 제격이에요. 자동차는 더 빠르고, 안전하고, 편안하게 이동수단 역할을 해내도록 계속해서 발전했어요. 발명 이후 지금까지 주로 엔진으로 달리던 자동차는 이제 전기 모터로 달리는 변화를 맞이했어요. 전자제품처럼 충전해서 달리는 시대가 왔어요. 사람이 직접 운전하지 않아도 되는 자율주행 자동차도 한창 개발 중이에요.

롤스로이스 스펙터

스스로 움직이는 차, 자동차의 정의

처음 자동차가 나왔을 때 어떤 이름을 붙여야 할지 발명가들이 고민을 많이 했어요. 자동장치, 기름 기관차, 모터 마차 등 여러 가지 이름이 후보로 나왔어요. 결국 프랑스어에서 나온 '스스로 움직인다'는 'automobile'이 가장 어울리는 명칭으로 선택받았다고 해요.

벤츠 심플렉스 28

BMW LMDh 경주차

🚗 이동수단이자 스포츠 도구예요

자동차는 엔진에서 나오는 힘을 바퀴에 전달해 승객이나 화물을 운반하는 교통수단을 말해요. 영국에서는 'car'라고 하는데 '바퀴 달린 탈것'을 뜻하는 라틴어인 'carrus' 또는 'carrum'에서 유래했어요. 미국에서는 'automobile'이란 말을 주로 쓰는데 '스스로'를 나타내는 그리스어인 'autos'와 '움직이다'를 뜻하는 'movere'에서 나온 말이에요.

자동차를 한마디로 정의하기는 어려워요. 다만 법규에서는 규정이 돼 있어요. 우리나라 자동차관리법에는 '원동기에 의하여 육상에서 이동할 목적으로 제작한 용구 또는 이에 견인되어 육상을 이동할 목적으로 제작한 용구'라고 나와요. 주로 이동수단이라는 데 초점을 맞춘 정의예요.

자동차는 이동수단이 맞지만 그것만이 전부는 아니에요. 자동차는 스포츠를 위한 도구로도 쓰여요. 모터스포츠는 자동차의 속도를 겨루는 스포츠예요. 경기에 출전하는 차들은 그 경기만을 위해 만든 차이기 때문에 일반 도로에서는 달리지 못해요.

> **자동차를 가꿔요**
>
> 도로에서 가끔 특이하고 멋지게 꾸민 자동차를 볼 수 있어요. 튜닝을 한 것이죠. 자동차 튜닝은 자동차를 원래 상태보다 좋게 개선하는 일이에요. 부품을 갈아 끼워서 성능을 높일 수도 있고 페인트를 다시 칠하거나 외형 부품을 덧붙여서 디자인을 바꾸기도 해요. 자동차가 가지고 노는 장난감이 되는 거랍니다.

🌐 수집품이자 집이기도 해요

자동차를 타지 않고 모으기만 하는 사람도 있어요. 이때 자동차는 이동수단이 아니라 개인의 취미를 위한 도구가 되는 거예요. 서아시아 나라의 왕족이나 유명한 연예인 중에는 자동차를 수십~수백 대씩 모으는 사람도 있어요. 특히 오래전에 만든 차로 관리가 잘 되고 역사적 가치가 있는 차들은 클래식카라고 해서 비싼 가격에 거래돼요. 자동차가 골동품이 되는 거죠.

오프로드용 자동차는 도로가 아닌 험한 산길이나 사막을 달려요. 캠핑을 즐기는 사람 중에는 자동차를 텐트처럼 사용하는 사람도 있어요. 천막을 연결해 아늑하고 편한 공간을 만들어요. 이때 자동차는 레저 활동을 도와주는 도구가 되어요. 캠핑카는 아예 거주 공간을 갖춰서 이동하는 집 역할을 해요. 자동차는 기본적으로 이동수단이지만 어떻게 활용하느냐에 따라 다양한 역할을 해낸답니다. 사회가 발전하고 문화가 다양해지면서 자동차를 이용하는 새로운 방법이 많이 나오고 있어요.

롤스로이스 스펙터

 **최고의 자동차 수집가는 누구일까?**

인도네시아 근처 보르네오섬 서북부에 있는 작은 나라 브루나이의 국왕은 세계 최고의 자동차 수집가로 꼽혀요. 브루나이는 영토도 작고 인구도 적지만 지하자원이 풍부하게 매장되어 있는 큰 부자 나라예요.

브루나이의 국왕 하사날 볼키아는 호화로운 생활로 유명한데, 특히 그의 자동차 수집은 세계 최고로 꼽혀요. 세계에서 2대밖에 없는 부가티 EB 110 SS를 비롯해서 5대밖에 없는 슈퍼카 맥라렌 LM, 자기 생일을 위해 특별히 제작한 페라리 FX 등 희귀한 슈퍼카만 20대가 넘게 있어요. 소유한 자동차의 수는 7000여 대가 넘는다고 해요.

최초의 자동차,
퀴뇨의 증기차

증기기관은 수증기를 이용해 힘을 내는 장치예요. 액체인 물은 끓이면 기체인 수증기로 변하면서 부피가 커져요. 꽉 막힌 공간에서 물을 끓이면 부피가 커진 수증기가 빠져나가려는 힘이 생겨요. 이 힘을 이용해서 기관을 움직이죠. 수증기의 힘은 엄청나서 커다란 배나 기차도 움직일 수 있어요.

퀴뇨가 발명한 최초의 증기자동차

🔴 최초의 증기자동차는 대포를 옮겼어요

인류는 오래전부터 사람이나 동물의 힘을 쓰지 않고 움직이려는 시도를 해왔어요. 1769년 프랑스의 니콜라스 조세프 퀴뇨 Nicholas Joseph Cugnot(1725~1804)는 증기기관을 이용하는 자동차를 만들었어요. 물을 끓이는 보일러가 앞부분에 달려 있는 바퀴 3개짜리 자동차였죠. 속도는 시속 4~5km 정도로 느렸고, 15분마다 물을 보충해줘야 했대요.

퀴뇨는 프랑스군 공병대 소속이었어요. 이 차는 대포를 옮길 목적으로 만들었어요. 퀴뇨의 증기차는 차를 세우는 브레이크가 없었어요. 앞바퀴를 조종해서 방향을 바꿨는데, 보일러가 달린 앞쪽이 무거워서 조종이 아주 힘들었어요. 결국 언덕길에서 벽에 부딪혀 불이 났어요. 세계 최초의 자동차가 세계 첫 교통사고를 낸 자동차라는 기록을 세운 거예요.

사고를 본 군 참모들은 퀴뇨의 증기자동차를 위험한 기계로 판단하고 운행을 금지했어요. 증기자동차를 만든 퀴뇨도 감옥에 들어갔다고 해요.

최초의 자동차는 최초의 기차이기도 해요

최초의 승용 증기자동차는 1801년 영국의 광산 기술자인 리처드 트레비식Richard Trevithick(1771~1833)이 만들었어요. 트레비식은 제임스 와트가 만든 증기기관과 퀴뇨의 증기자동차에 자극을 받아 사람들이 탈 수 있는 증기자동차를 만들기로 결심했어요.

1년여 노력 끝에 트레비식은 직경 80cm인 앞바퀴 1개와 2m인 뒷바퀴 2개를 단 증기자동차를 만들었어요. 9인승이었던 이 차에 트레비식과 친구 8명이 타고 동네를 1.6km 달렸다고 해요. 며칠 후 26km 떨어진 이웃마을까지 다녀오는 장거리 주행 시험도 했어요.

1802년에는 증기로 달리는 차로 특허를 받았답니다. 트레비식은 이 차를 많이 만들기 위해 투자해줄 사람을 모집했어요. 영국 런던에 증기자동차를 가지고 가서 시민들을 태우고 선전을 했지만 투자해줄 사람은 나타나지 않았다고 해요.

트레비식은 증기자동차를 활용할 방법을 찾다가 동네 공터에 간이 철로를 만들고 증기자동차 바퀴를 기차 바퀴처럼 개조해 놀이동산 기차처럼 운행했대요. 트레비식의 이 철로 자동차를 세계 최초의 기차로 여긴답니다.

> **전쟁과 탈것의 발전**
>
> 퀴뇨가 증기자동차를 만든 당시는 독일과 프랑스의 7년 전쟁(1756~1763)이 막 끝나고 혼란스러운 시절이었어요. 퀴뇨가 증기자동차를 만든 목적도 대포를 옮기기 위해서였지요.
> 역사적으로 탈것은 전쟁 과정에서 크게 발전했어요. 과학기술이 폭발적으로 발전한 퀴뇨의 시대에도 증기기관은 커다란 함선 등에 많이 활용되었어요. 이후 1900년대에는 과학기술의 발전에 힘입어 탱크와 비행기, 항공모함 등 최첨단 무기로 쓰인 탈것들이 만들어졌답니다.

리처드 트레비식

리처드 트레비식의 증기자동차

시대별
자동차 특징

자동차의 모습에도 유행이 있어요. 초창기 자동차와 지금 자동차의 모습은 달라요. 바퀴 4개에 사람이 타는 공간을 얹은 구조는 변함없지만 모양은 많이 다르죠. 시대가 흐를수록 자동차의 성능과 디자인도 변한답니다.

캐딜락 라살르

🚗 1885~1900년대 초, 개발 시작

카를 벤츠가 특허 받은 자동차를 만든 1885년 전후만 해도 자동차는 본격적인 이동수단이 아니라 신기한 발명품이자 볼거리였어요. 가격도 비싸고 연료 공급소 등 기반 시설이 마련되지 않았죠. 발명된 지 얼마 되지 않아 고장도 자주 났다고 해요. 극히 일부 계층이 호기심이나 취미생활을 위해 샀답니다.

🚙 1900~1910년대, 본격적으로 팔리기 시작

이때는 자동차의 구조가 내연기관 엔진을 자동차 앞에 얹고 뒷바퀴를 굴리는 지금의 방식으로 자리를 잡아갔어요. 특히 포드 모델 T는 대량생산을 통해 가격을 낮춰 자동차가 널리 퍼지는 데 큰 역할을 했어요.

1920년대, 기술 표준화

1920년대 부터는 자동차에 지붕이 생기는 구조가 자리 잡혔어요. 기술도 빠르게 표준화되었어요. 자동차를 만드는 기법이나 부품 크기도 어느 정도 통일되었죠.

1940년대, 현대의 기술 완성

현재 사용하는 자동차 기술이 대부분 이 시기에 개발됐어요. 대공황과 제2차 세계대전의 영향으로 자동차 회사의 수는 100개 이내로 줄었어요.

1940~1970년대, 활발한 보급

자동차의 성능이 큰 폭으로 개선됐어요. 형태도 지금과 같은 현대적 모양으로 자리 잡기 시작하면서 디자인이 아름다운 차들이 속속 등장했어요. 폴크스바겐 비틀, 미니 등 전설적인 소형차를 비롯해 이름 있는 차들이 이때 많이 나왔어요.

1970~1990년대, 컴퓨터 설계의 보편화

같은 뼈대를 가지고 여러 종류의 차를 만드는 방식이 널리 퍼졌어요. 석유파동의 여파로 작고 연비 좋은 소형차가 급속하게 퍼져나갔어요. 또한 안전에 대한 인식이 높아졌어요.

2000년대 이후, 새로운 에너지의 시대

하이브리드와 전기차 등이 환경보호와 연비 향상을 내세워 시장에 진출했어요. 가솔린과 디젤 등 화석연료를 이용한 내연기관 엔진만 쓰던 자동차 동력원에 큰 변화가 생겼어요.

석유파동과 자동차 개발

1973~1974년에 한 차례, 1978~1980년에 또 한 차례. 이렇게 두 차례 세계적으로 석유 가격이 엄청나게 올라간 적이 있었어요. 이것을 석유파동이라고 해요. 석유가 나는 서아시아 지역 나라 사이에 분쟁이 일어나 석유 공급이 제대로 이루어지지 않아 생겼죠.
석유를 에너지로 움직이는 자동차는 석유 문제에 민감해질 수밖에 없어요. 그래서 두 차례의 석유 파동을 겪으며 자동차는 크기가 작아지면서 연비가 높은 경제적인 모델이 나왔어요.

폴크스바겐 비틀

토요타 코롤라

BMW i3

자동차도 함께 써요

자동차는 가격이 비싸서 사려면 부담이 커요. 차를 산 후에도 세금, 기름값, 수리비 등 돈이 나가요. 한번 팔려나간 차는 중고차이므로 가만히 놔둬도 시간이 흐를수록 가치가 떨어져요. 차를 사놓고 적게 타면 들인 돈이 아까워요. 이런 문제를 해결하는 방법은 자동차 공유예요. 차를 사지 않아도 필요한 때 차를 타거나, 차를 사더라도 놀리지 않고 운행할 수 있어요.

르노 그룹의 전기차 전용 공유 서비스 ZITY

🚗 자동차 공유는 예전부터 있었어요

공유 경제는 물품을 소유하지 않고 서로 빌려 쓰는 개념이에요. 요즘에는 누구나 스마트폰을 가지고 있는 데다가 이용자를 연결해주는 기술이 발달해서, 공유할 사람을 찾기도 쉬워요. 도시나 국가 단위로 자동차를 공유해도 될 정도로 공유 경제의 규모가 커졌어요.

자동차를 빌려주는 렌터카도 자동차 공유의 한 종류예요. 하루 단위로 빌리고 다 쓴 후에 연료를 채워 넣어야 하는 렌터카와 달리 공유 자동차는 분 단위로 빌리고 연료비도 요금에 포함해서 받아요. 방향이 같은 사람끼리 같이 타고 다니는 카풀도 자동차 공유예요. 요즘에는 앱을 이용해 카풀할 사람을 연결해줘요.

🚗 자동차 공유의 형태는 여러 가지예요

여러 명이 차를 한 대 소유해서 이용하거나, 자동차 소유자가 비는 시간에 자기 차를 남에게 빌려주거나, 자동차 소유자가 직접 운행하며 남을 태워주거나, 전문 사업자가 이용자에게 단기간 차를 빌려주는 등 다양한 방식으로 공유가 이뤄져요.

자동차 공유 경제 규모가 커지면 이점도 생겨요. 여러 사람이 자동차를 공동으로 한 대 소유하면, 집집마다 자동차를 사지 않아도 되므로 살 때 드는 돈과 유지비를 줄일 수 있어요. 서로 시간을 조정하면 필요한 사람이 적절한 때 차를 이용할 수 있어요. 자동차가 증가할 때 생기는 자원, 환경, 교통 문제도 줄어들어요. 주차 문제도 해결할 수 있어요.

🚗 자동차 구독 서비스

정기 구독은 매달 일정한 비용을 내고 물건을 받아보거나 빌려 쓰는 서비스를 말해요. 매달 돈을 내고 보는 영화 서비스를 떠올리면 돼요. 자동차도 구독해서 타요. 한 달에 일정 비용을 내면 차를 바꿔 탈 수 있어요. 주기적으로 원하는 차를 탈 수 있어서 여러 종류의 차를 타보고 싶은 사람에게 알맞아요. 굳이 차를 사고팔지 않아도 편리하게 원하는 차를 탈 수 있어요.

최근에는 자동차 기능을 구독하는 서비스도 선보였어요. 특정 기능을 매달 돈을 내고 사용하는 거예요. 차를 조금 저렴한 비용으로 산 후 필요한 기능만 구독하는 거예요. 자동차 기능을 소프트웨어로 제어할 수 있어서 이런 일이 가능해졌어요.

자동차 공유 서비스를 제공하는 현대차 자회사 MOCEAN

라스트 마일

이동하거나 물건을 나를 때 목적지에 도착하기 전까지 마지막 구간을 '라스트 마일last mile'이라고 해요. 학교에 갈 때 버스를 타고 정류장 앞까지 갔다면 여기까지는 '퍼스트 마일first mile'이에요. 정류장부터 학교까지 남은 구간이 라스트 마일이에요. 이 구간에서는 걸어가거나 버스가 아닌 다른 이동수단을 이용해요. 요즘에는 짧은 거리를 이동할 때 전기 스쿠터나 전기 자전거를 이용하는 일이 늘었어요. 스쿠터나 자전거를 들고 다니기는 불편하므로 공유 서비스를 이용해요.

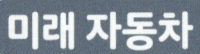
미래 자동차

전기 모터로 굴러가는 자동차

텔레비전, 냉장고, 컴퓨터, 휴대전화 같은 전자제품은 전기를 에너지로 삼아서 작동해요. 전기 자동차는 전기 모터가 돌면서 바퀴를 굴려 자동차가 움직여요. 전기 모터는 차 안에 있는 커다란 배터리에서 전기를 공급받아요. 배터리가 바닥나면 휴대전화처럼 충전해서 사용한답니다.

현대 아이오닉 5

아우디 e-트론 GT

🚗 전기 자동차는 전기 힘으로 달려요

전기 자동차에는 엔진 대신 전기 모터가 들어가요. 전기 모터가 배터리에서 전기를 공급받아 돌아가면서 바퀴를 굴리죠. 휴대전화를 비롯해 충전해서 사용하는 전자제품과 마찬가지로 전기 자동차 안에는 커다란 배터리가 들어 있어요. 주유소에 들러서 기름을 넣어야 하는 엔진 달린 자동차와는 달리 전기 자동차는 충전소에서 배터리를 충전해요.

🌍 전기 자동차는 환경을 보호해요

엔진이 달린 자동차는 오염물질을 내뿜어요. 엔진 안에서 연료가 타면서 생긴 나쁜 물질이 차 밖으로 나와요. 전 세계에 굴러다니는 자동차 수는 15억 대예요. 이렇게 많은 차에서 오염

물질이 나오면 지구 환경이 망가져요. 세계 각 나라와 자동차 회사는 환경을 보호하려고 오염물질이 나오지 않는 차를 연구하고 있어요. 오염물질이 적게 나오거나 아예 내뿜지 않는 자동차를 친환경차라고 해요. 친환경차 중에서도 전기 자동차는 오염물질을 내보내지 않아요.

🔵 전기 자동차 시대가 빨리 찾아왔어요

한동안 전기 자동차를 미래 자동차로 여겼어요. 많은 사람이 마음껏 타고 다니는 전기 자동차를 개발하기 쉽지 않아서 한참 후에나 살 수 있는 차로 생각한 거죠. 현대적인 전기 자동차는 1990년대 중반부터 나오기 시작했지만 타고 다니기는 쉽지 않았어요. 충전한 후 달릴 수 있는 거리가 100~150km 정도로 짧았고, 충전하는 데도 몇 시간씩 걸린 데다가 충전소도 거의 없었어요. 가격도 크기가 비슷한 엔진 달린 자동차보다 몇 배나 비쌌어요. 이런 문제를 해결하는 데 시간이 오래 걸릴 것으로 예상했어요. 21세기 들어서도 수십 년 후에나 전기차 시대가 온다고 본 거죠. 전기차 시대는 예상보다 빨리 찾아왔어요. 2010년쯤부터 급속하게 발전하기 시작해서 지금은 엔진 달린 자동차 대신 타고 다녀도 될 정도로 발달했어요.

19세기 전기차

전기차는 최첨단 미래 자동차처럼 보이지만 처음 선보인 때는 19세기로 거슬러 올라가요.

1832년 스코틀랜드 사업가 로버트 앤더슨은 원유 전기 마차를 만들었어요. 원유 전기 마차는 이동 수단이라기보다는 실험용 자동차였어요.

1881년 프랑스 발명가 구스타브 트루베가 사람을 태우고 다시 충전할 수 있는 전기 자동차를 발명했어요. 이 차는 세계 최초의 엔진 자동차인 카를 벤츠의 페이턴트 모터바겐보다 5년이나 앞서 나왔어요. 당시 전기차는 인기를 끌어서 1900년대 초 미국에는 전기 자동차가 엔진 자동차보다 많았어요.

1910년대 중반 엔진 자동차를 대량 생산하면서 가격이 싸지고 유전 개발로 기름값이 떨어졌어요. 덕분에 엔진 자동차가 널리 보급되면서 1930년대 들어 전기 자동차는 거의 사라졌답니다.

BMW iX

BMW iX 내부 구조

미래 자동차

수소로 가는 자동차

많은 나라의 정부와 자동차 회사는 나쁜 물질을 배출하지 않는 친환경 자동차를 개발하고 있어요. 전기·수소·태양열 자동차를 대표적인 친환경 자동차로 꼽아요. 전기 자동차는 활발하게 보급되고 있고, 수소 자동차는 차종은 적지만 판매용 모델이 나왔어요.

현대 넥쏘

토요타 미라이

🚗 휘발유와 경유를 태우면 나쁜 물질이 나와요

자동차는 굴러가기만 한다면 어떤 연료를 써도 상관없어요. 휘발유와 경유 등 석유에서 뽑아낸 연료는 일단 만들기도 쉽고 가격도 적당해서 가장 많이 쓰여요. 그런데 이런 기름은 아주 큰 문제가 있어요. 바로 연소, 즉 태웠을 때 나쁜 물질이 많이 나온다는 거죠.

종이든 나무든 플라스틱이든, 무언가를 태우면 연기와 독한 냄새가 나요. 자동차도 마찬가지예요. 엔진에서 기름을 태우면 나쁜 물질이 아주 많이 나온답니다. 자동차 안에는 이런 나쁜 물질이 공기 중으로 흘러나가지 않도록 걸러내는 여과 장치가 있어요. 하지만 여과 장치의 성능에도 한계가 있어서 나날이 강화되는 규제에 맞추기는 쉽지 않아요.

수소 자동차의 종류는 두 가지예요

수소로 전기를 만들어 에너지로 사용하는 수소 연료전지 자동차와 수소를 태워서 엔진을 돌리는 수소 내연기관 자동차예요. 현재 시장에 판매하는 차는 수소 연료전지 자동차예요. 수소 연료전지 자동차도 전기 자동차의 한 종류예요. 충전기를 이용해 충전하는 일반 전기 자동차와 달리 수소로 전기를 만들어서 배터리를 충전해요. 연료 탱크에 수소를 채우는 데 걸리는 시간은 3~5분 정도이고, 가득 채우면 500~600km 정도 달릴 수 있어요. 전 세계에 판매 중인 수소 연료전지 자동차는 거의 없어요. 대표 모델은 현대 넥쏘와 토요타 미라이 정도예요. 수소 충전소가 거의 없는 데다가 보조금 없이 사기에는 차 가격이 비싸서 보급하는 데 한계가 있어요.

태양열 자동차는 태양열로 만든 전기로 모터를 돌려 굴러가는 자동차예요. 태양열로는 전기를 만드는 시간도 오래 걸리고 계속해서 달릴 정도로 순간적으로 많은 전기를 생산하지도 못해요. 그래서 차의 속도도 느리답니다. 미래에 기름이 다 떨어져서 연료가 없어진다면 그때 어쩔 수 없이 태양열 자동차를 타고 다닐지도 몰라요.

국산 수소 연료전지 자동차

수소 연료전지 자동차는 세계 시장에서 국산차가 앞서 나가는 분야예요. 2013년 우리나라의 현대자동차는 시중에 판매할 목적으로 수소 연료전지 자동차인 투싼 ix 퓨얼셀을 개발했어요. 이 차는 3~10분에 완전 충전해서 415km를 달릴 수 있어요. 가격은 매우 비싸요. 처음 나왔을 때는 1억 5000만 원이었는데, 2015년에 8500만 원으로 낮췄어요. 같은 자동차에 비해 3배 이상 비싼 데다가 충전소가 거의 없어서 많이 팔리지는 않았어요.

2018년에는 두 번째 모델인 넥쏘가 선보였어요. 일반 모델을 개조한 투싼 ix 퓨얼셀과 달리 넥쏘는 수소 전용 모델로 나왔어요. 주행 거리는 600km 정도로 늘었고, 가격도 7000만 원대로 낮아졌어요. 보조금을 받으면 가격이 절반 수준으로 낮아지고, 전국에 충전소도 130여 개로 늘어서 매달 수백 대씩 꾸준하게 팔리고 있어요.

물을 배출하는 수소 자동차

물의 분자식은 H_2O예요. 수소 원자 2개와 산소 원자 1개라는 뜻인 건 모두 알고 있죠? 수소 자동차는 수소와 산소의 반응에서 에너지를 얻기 때문에 배기구에서 물이 나와요. 언젠가 수소 자동차를 만든 회사의 사장이 차가 깨끗하다는 사실을 보여주기 위해 차에서 나온 물을 컵에 받아 마신 적도 있을 정도로 수소 자동차는 깨끗하답니다.

BMW H2R 하이드로겐 레이스 카(2004)

> 미래 자동차

엔진과 모터가 함께 힘을 내는 하이브리드차

자동차에도 '잡종'이 있어요. 바로 하이브리드 자동차죠. 하이브리드 자동차는 기름 연료와 전기를 모두 사용하는 자동차예요. 큰 힘이 필요할 때는 엔진이 돌아가고, 안정적으로 달릴 때는 전기 모터가 작동한답니다.

기아 니로

🔴 환경을 덜 해치는 '잡종' 자동차

전 세계의 아주 많은 자동차가 계속해서 기름을 쓰면 언젠가는 석유가 없어질 거예요. 그래서 자동차 회사들은 기름을 적게 먹거나 아예 기름 없이 달리는 차를 만들려고 해요. 기름을 쓰지 않는 차를 만드는 또 다른 이유는 환경보호예요. 기름을 태우면 나쁜 물질이 나와요. 자동차 안에서 어느 정도 걸러내지만 완전히 줄일 수는 없지요. 지구상의 많은 자동차가 오염 물질을 내뿜으면 대기 환경이 망가져요.

　　전기 자동차는 기름 없이 달리는 대표적인 자동차예요. 전기 모터가 바퀴를 굴려 움직이죠. 전기 자동차는 오염물질이 나오지 않는 깨끗한 차예요. 전기 자동차 보급이 늘어나고 있지만 엔진 달린 자동차처럼 많이 팔리려면 한참 걸려요. 자동차 회사들은 머리를 써서 기름으로 달리는 차와 전기 자동차를 합한 차를 만들었어요. 엔진으로도 움직이고 전기 모터로도 달리는 차죠. 큰 힘이 필요하지 않을 때는 전기 모터로만 달리고 힘이 필요할 때는 엔진이 움직여요. 아주 큰 힘이 필요할 때는 엔진과 전기 모터가 함께 움직여요. 그런 자동차를 하이브리드 자동차라고 해요. '하이브리드hybrid'는 잡종이라는 뜻이에요. 엔진과 전기 모터가 섞여 있어서 잡종이라고 부른답니다.

지하철 느낌도 나는 하이브리드

하이브리드 자동차의 전기 모터는 엔진에 힘을 보태기도 하고 혼자서만 힘을 쓰기도 해요. 전기 모터가 간간이 작동해서 일반 자동차와는 달리는 느낌이 좀 달라요. 전기 모터만 작동할 때는 전기차와 크게 다르지 않아요. 이때는 전기로만 달리는 지하철처럼 '지잉~' 소리를 내요.

친환경차, 플러그인 하이브리드 자동차

하이브리드 자동차는 엔진과 전기 모터가 각각 작동해서 일반 자동차보다 엔진이 움직이는 시간이 적어요. 엔진이 적게 움직이니 기름도 덜 먹고 오염물질도 적게 뿜어내죠. 그래서 하이브리드 자동차를 친환경차라고 불러요. 하이브리드 자동차 중에는 전기차와 비슷한 플러그인 하이브리드 자동차도 있어요. 일반 하이브리드 자동차보다 배터리를 더 많이 집어넣어서 전기 모터로만 달리는 시간이 더 길어요. 하이브리드 자동차는 엔진이 돌아갈 때 배터리를 충전해요. 플러그인 하이브리드 자동차는 케이블을 차에 연결하고 콘센트에 꽂아서 충전할 수도 있어요. 스마트폰을 충전하는 원리와 비슷해요. 달릴 때는 일반 하이브리드와 마찬가지로 엔진에서 나오는 힘으로 충전할 수 있죠. 전기 모터가 더 많은 힘을 쓰므로 일반 하이브리드 자동차보다 기름을 훨씬 적게 먹는답니다.

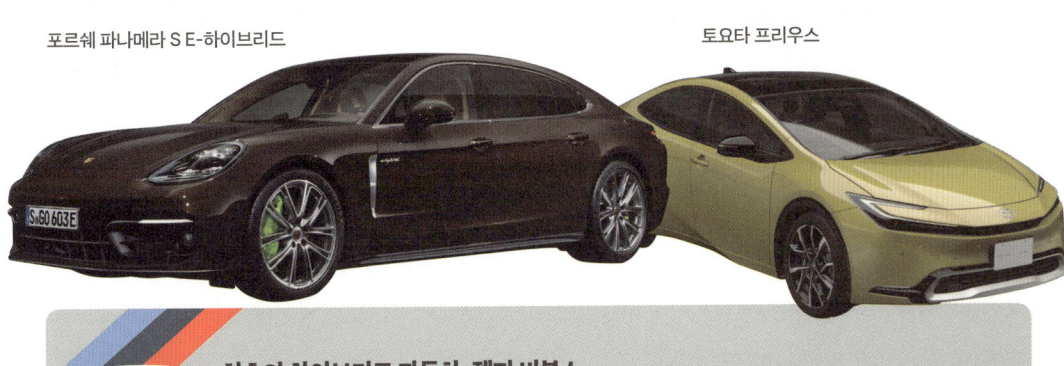

포르쉐 파나메라 S E-하이브리드

토요타 프리우스

최초의 하이브리드 자동차, 젬퍼 비부스

독일 포르쉐 박사가 만든 젬퍼 비부스Semper Vivus라는 하이브리드 자동차는 무려 1900년에 나왔어요. 앞바퀴에 달린 전기 모터와 엔진 두 개로 구성되어 있는데, 엔진은 전기를 만드는 발전기를 돌리는 데만 사용되었어요. 제2차 세계대전 때 독일과 영국에서 만든 탱크도 하이브리드 방식으로 움직였어요. 현대 하이브리드 자동차의 원조는 1997년에 나온 토요타의 프리우스예요. 지금은 하이브리드 시스템을 갖춘 자동차가 많이 나온답니다.

미래 자동차

스스로 움직이는 자율주행 자동차

운전을 하면 편하게 다른 곳으로 이동하거나, 멋진 경치를 구경할 수 있어요. 하지만 오랫동안 운전하면 신경이 둔해지고 졸음이 몰려와서 위험한 상황에 빠지기도 해요. 자동차가 스스로 움직인다면 나이와 건강에 상관없이 누구나 자동차를 타고 다닐 수 있을 거예요.

현대 아이오닉 5 자율주행 로보택시

🚗 즐겁지만 힘든 운전

운전은 나이와 건강이 중요해요. 성인(만 18세 이상)이 돼야 면허를 딸 수 있고 운전을 할 수 있지요. 나이가 들어서 눈이 침침해지거나 기력이 약해지면 차를 몰기 힘들어요. 몸이 불편한 장애인도 운전에 제약이 많답니다.

    차를 탈 때 생기는 피로나 힘든 상황도 걱정거리예요. 자동차 회사들은 이런 문제점을 해결하기 위해 스스로 달리는 자동차를 만들고 있어요. 스스로 달린다고 해서 '자율주행 자동차' 또는 사람이 운전하지 않는다고 해서 '무인자동차'라고 불러요.

🔵 센서를 이용해서 위치를 파악해요

자율주행 자동차의 핵심 기술은 스스로 속도를 높이거나 낮추는 기본적인 운전 기능이에요. 다음은 센서를 이용해 시각 정보를 입력받고 처리하는 기술이에요. 카메라 같은 센서로 앞뒤 좌우에 있는 다른 자동차나 장애물의 위치를 파악해 방향을 바꾸거나 피하도록 하죠. 가장 중요한 기술은 위치 파악이에요. 자신이 위치를 알아야 그에 맞춰서 목적지까지 갈 수 있어요. 이를 위해서 GPS, 레이더, 카메라 등 첨단 장비를 갖춰요. 자율주행 자동차에 사용되는 GPS는 오차 범위가 10cm에 불과할 정도로 정밀해야 한답니다.

🔵 이제 레벨 3 자율주행 차가 나오고 있어요

현재 구글 웨이모, GM 크루즈, 모셔널, 앱티브, 포니닷에이아이 등 여러 자율주행 업체가 테스트 주행을 하거나 시범 서비스를 제공하고 있어요. 시범 서비스에는 주로 로보택시를 투입해요. 자동차 회사보다 구글이나 바이두 같은 IT 회사가 더 적극적으로 개발에 나서요.

자동차 회사도 자율주행 자동차를 개발해요. 아우디가 2010년에 만든 TTS라는 자율주행 자동차는 미국 콜로라도주 파이크스 피크 산악도로를 운전자 없이 달렸어요. 아우디 A7 자율주행 자동차는 2015년 미국 샌프란시스코에서 라스베이거스까지 900km를 달리는 데 성공했어요. 아우디 외에도 벤츠·BMW·볼보·토요타·현대 등 여러 회사가 자율주행 자동차를 개발하고 있어요.

자동차 회사가 내놓는 자율주행 기술은 현재 레벨 3이에요. 이제 막 레벨 3 자율주행 자동차가 나오는 단계예요. 현재 메르세데스-벤츠, 아우디, 혼다의 일부 모델에만 자율주행 레벨 3 기술이 들어가요. 기술을 개발해도 각 나라 법규와 제도에 맞춰야 하는 등 자율주행 차를 시장에 선보이려면 복잡한 단계를 거쳐야 해요.

자율주행 기술 단계

자율주행은 기술 수준에 따라 등급을 구분해요. 미국 자동차 공학회가 정한 6단계를 표준처럼 사용해요. 레벨 3부터는 시스템이 운전을 주도해요.

레벨 0 인간이 모든 주행 상황을 통제해요.

레벨 1 하나 이상의 자동 제어 기능이 운전자를 보조해요.

레벨 2 특정한 조건에서 시스템이 주행을 보조해요.

레벨 3 제한된 조건에서 자율주행으로 달려요. 위험할 때만 운전자가 개입해요.

레벨 4 지정된 조건에서 자율주행으로 달려요.

레벨 5 운전자가 필요하지 않은 100% 완전 자동화예요.

아우디 어반스피어 콘셉트카

<u>못다 한 이야기 1</u>

자동차 경주는 무엇이 있나요?

자동차는 사람과 물건을 실어 나르기 위해 만들어졌어요. 따라서 더 빨리 달리는 것이 중요했죠. 속도는 자동차의 가장 기본적인 특성 중 하나예요. 속도의 특성과 사람들의 경쟁 본능이 만나 탄생한 것이 바로 자동차 경주랍니다.

푸조 9X8 하이퍼카

자동차 경주는 아주 오래전부터 시작됐어요

자동차 경주는 1800년대 후반 자동차가 발명되고 몇 년 지나지 않아서 생겼다고 해요. 자동차 경주는 여러 가지가 있는데 그중에서도 F1·WRC·르망 24시를 세계 3대 자동차 경주로 꼽아요.

최고 속도의 스릴, F1

F1(포뮬러 원Formula One)은 바퀴가 밖에 달려 있고 지붕이 없는 경주용 자동차를 타고 달리는 경기예요. 오로지 자동차의 성능을 최대한 끌어올리기 위해서 F1에 맞는 경주용 자동차를 따로 만들죠. 빠른 속도를 내는 목적으로 만들어서 자동차가 아니라 '머신machine'이라고 불러요. 일반 도로에서는 탈 수 없답니다.

F1 경주 자동차가 달리는 트랙을 서킷이라고 해요. F1 머신은 평균 시속 200km가 넘는 빠른 속도로 서킷을 달리죠. 최고 속도는 시속 350km까지 올라가기도 한답니다. 1년에 전 세계 20여 곳을 돌며 경기가 열려요. 우리나라에서도 전라남도 영암군에서 몇 회 열린 적이 있답니다. 1년 동안 대회를 열고 각 대회마다 순위에 따라 점수를 매겨서 가장 높은 점수를 받은 선수와 팀이 챔피언 상을 받아요.

거친 도로를 달리는 WRC

WRC는 '월드 랠리 챔피언십World Rally Championship'의 약자예요. F1이 폐쇄된 서킷에서 전용 머신만 달릴 수 있는 반면, WRC는 일반 도로를 달려요. 물론 아스팔트 도로가 아니라 산길과 눈 길, 흙 길 등 거친 도로를 달리죠. 상태가 좋지 않은 도로를 달려야 하기 때문에 차가 아주 튼튼해야 해요.

    WRC 경주용 자동차는 일반 판매용 차를 가지고 만들어요. 물론 경주에 맞는 성능으로 개조한답니다. 껍데기만 일반 차의 모습이 남아 있고 속은 완전히 다른 차라고 볼 수 있어요. WRC는 두 명의 선수가 한 차에 타요. 한 명은 운전을 하고 다른 한 명은 옆에서 보조를 하죠. 지도를 봐주고 도로 상황을 미리 파악해서 어떻게 방향을 틀어야 할지 옆에서 알려준답니다. WRC도 전 세계 곳곳에서 경기를 치러요. 각 경기마다 점수를 매기고 모든 경기가 끝난 후에 최종 승자를 가려요.

24시간의 내구력을 시험하는 르망 24시

르망Le Mans 24시는 '르망 24시간 내구레이스'를 줄여 부르는 말이에요. 내구레이스는 얼마나 잘 견디느냐를 테스트하는 경주예요. 차를 타고 24시간 동안 계속해서 서킷을 달린답니다. 차가 고장 나지 않고 빨리 달려야 하죠. 자동차가 튼튼하지 않으면 끝까지 달릴 수 없어요. 한 명이 24시간 동안 달릴 수 없어서 3명이 번갈아가면서 탄답니다. 고장 나지 않고 빨리 달린 차가 우승해요.

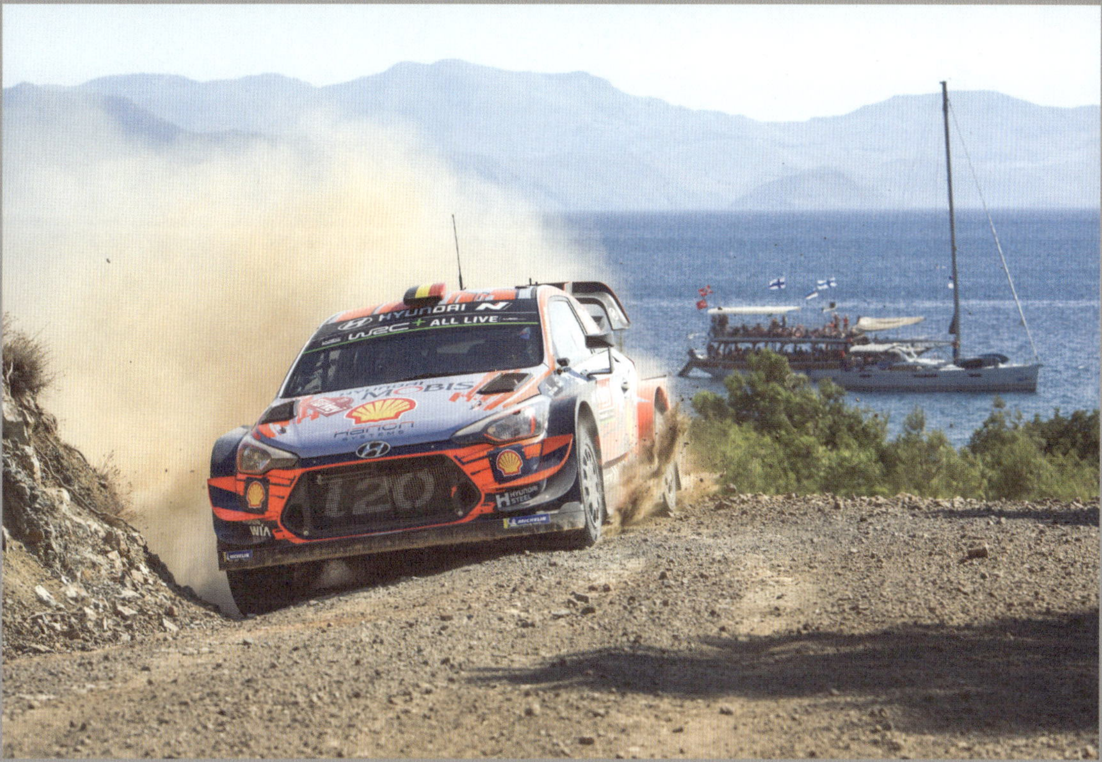
HYUNDAI
i20

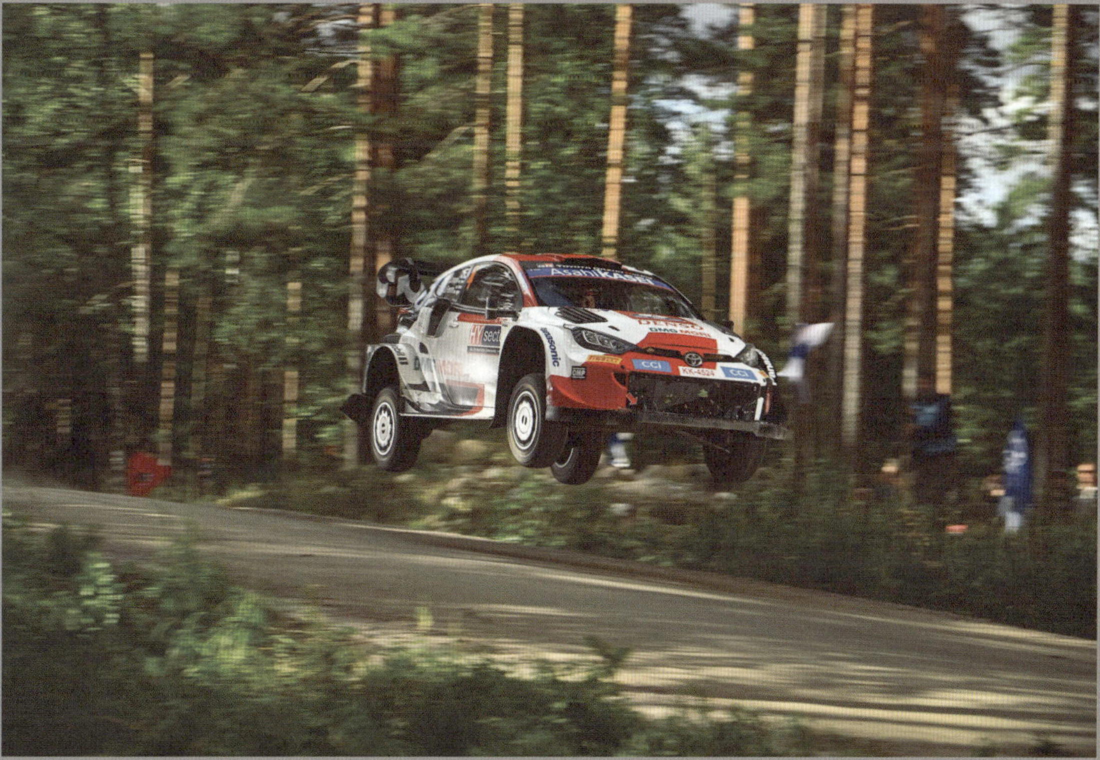

2부

자동차의 기술

부가티 시론

자동차는 기계의 한 종류예요. 기술이 발전하면서 기계의 성능이 좋아지듯이 자동차도 계속해서 발전해요. 요즘 자동차의 기능은 스마트폰 다루듯이 조작해요. 차 안에 커다란 화면을 손으로 터치하기만 하면 돼요. 운전을 편하게 하도록 도와주는 기술도 발전했어요. 운전자가 조작하지 않아도 자동차가 앞 차와 일정한 거리를 유지하고 차로를 지키며 달려요. 증강 현실을 이용한 내비게이션은 도로에 가상의 정보를 표시해서 길을 안내해줘요. 헤드램프도 단순히 앞을 밝히는 기능에 더해 빛이 닿는 부분에 그림을 표시하는 수준까지 발전했어요. 환경을 보호하도록 재활용 소재를 이용해 각종 부품을 만들어내는 기술도 활발하게 이뤄져요. 다양한 기능과 부품을 결합해 완성하는 자동차는 기술의 집약체라 할 수 있어요.

폴크스바겐 XL1

열쇠가 없어도 시동을 걸 수 있어요

자동차에는 열쇠가 있어요. 문을 열거나 잠그기도 하고 시동을 걸기도 하죠. 자동차를 타는 처음 순간부터 자동차에서 내리는 마지막 순간에 반드시 필요한 도구죠. 자동차 열쇠는 어떻게 진화했는지 살펴봐요.

🚗 자동차를 움직이는 첫 힘

자동차는 엔진으로 움직여요. 엔진은 쓰지 않을 때는 꺼놔야 해요. 엔진을 작동시키는 것을 시동을 건다고 하죠. 멈춰 있는 엔진은 스스로 움직이지 못해요. 크랭크축이라는 부품을 외부 힘으로 돌려줘야 해요. 크랭크축은 전기로 움직이는 시동모터가 돌려요. 시동모터를 돌리려면 전기를 공급해줘야 한답니다.

    자동차 열쇠를 꽂고 돌리면 전기가 발생해서 시동모터가 돌아가요. 모터가 엔진의 크랭크축을 돌리면서 엔진이 돌아가기 시작하는 거예요. 시동모터는 전기장치라서 전기가 반드시 필요해요. 자동차 안에는 배터리가 있어서 전기를 공급해줘요. 자동차 열쇠를 꽂고 시동을 거는 것은 배터리에 있는 전기를 시동모터로 전달해주는 일이죠.

🔋 배터리가 약하면 사람이 밀어요

배터리가 약하면 시동이 잘 걸리지 않아요. 온도가 아주 낮은 추운 겨울에는 배터리가 힘을 잘 쓰지 못해요. 자동차의 램프를 켜놓은 채 시동을 끄고 오래 놔두면 배터리가 힘이 다 닳아요. 그럼 시동을 걸 수 없지요. 다른 차의 배터리에 전선을 연결하거나 자동차 정비 전문가를 불러서 전기를 공급해줘야 해요.

예전에는 수동변속기 자동차가 많아서 사람들이 차에서 내려 시동이 걸리지 않는 차를 미는 모습을 종종 볼 수 있었어요. 요즘에는 대부분 자동변속기 자동차이고 보험사의 긴급 출동 서비스가 좋아서 이런 광경을 보기 힘들어졌어요.

쇠막대기에서 버튼으로 진화했어요

지금까지 자동차는 시동을 걸 때 자동차 시동 장치 부분에 열쇠를 꽂아서 이용했어요. 요즘에 새로 나오는 차들은 누르기만 하면 바로 시동이 걸리는 버튼을 많이 써서 편리해졌어요.

아주 오래전에는 자동차에 시동모터가 없던 적도 있었어요. 사람이 모터 역할을 대신했죠. 자동차 앞쪽으로 가서 크랭크축에 쇠막대기를 연결하고, 시동이 걸릴 때까지 돌려줘야 했어요. 지금도 시골에 있는 경운기는 종종 그렇게 시동을 걸기도 하죠.

운전석 옆자리는 동승석이라고 하는데 지금까지도 조수석이라고 부르는 경우가 종종 있어요. 크랭크축을 사람이 돌리던 시절에는 운전자가 아니라 조수가 돌렸다고 해요. 조수가 옆자리에 앉기 때문에 운전자 옆자리를 조수석이라고 부른 것이죠.

1912년 캐딜락이라는 회사에서 시동모터를 발명한 이후부터는 편리하게 시동을 걸 수 있게 됐어요. 남자들은 조수가 없어도 시동을 걸 수 있었지만 힘이 약한 여자들은 시동모터가 발명되기 전까지는 혼자서는 차를 타고 다닐 수 없었지요.

시동도 걸고 문도 잠그는 시동키

시동키는 자동차의 시동을 거는 것뿐 아니라 열쇠 역할도 해요. 자동차의 문을 열 때에도 손잡이의 열쇠 구멍에 시동키를 꽂아 돌리면 문이 열리죠. 가끔 자동차 안에 열쇠를 넣은 채 문을 잠가서 낭패를 보는 일도 있어요. 그런데 요즘에는 이런 광경을 보기가 힘들어요. 차 문도 열쇠 뭉치에 달린 버튼을 눌러서 열고 닫기 때문이죠. 요즘에 나오는 스마트키는 아예 자동차에 뾰족한 열쇠가 없이 버튼만 달려 있어요. 스마트키를 차 안 아무 데나 두고 버튼을 누르기만 하면 시동이 걸리기 때문에 열쇠가 아예 필요 없죠. 최근에는 자동차 회사의 개성을 살린 스마트키가 많아지고 있답니다.

바늘과 숫자로
속도를 표시하는 계기판

자동차가 무한정 빨리 달릴 수는 없어요. 자동차는 기계여서 너무 빨리 달리면 고장 나기 십상이죠. 또 속도가 빠르면 사고가 났을 때 더 크게 다쳐요. 차를 조절하기도 쉽지 않죠. 운동장에서 달리기를 할 때 빨리 달리면 몸을 원하는 대로 움직이기 어려운 것과 같아요. 도로에는 차가 가장 적절하게 달릴 수 있는 속도에 맞춰서 제한 속도를 둔답니다.

🚗 차의 상황을 알려줘요

자동차가 어느 정도 속도로 달리는지 알려주기 위해서 계기판에는 속도계가 있어요. 속도계는 운전자 눈에 가장 잘 보이는 위치에 배치하죠. 스티어링휠 뒤쪽, 운전자 시선이 곧바로 닿는 부분에 계기판을 만들어요.

　속도는 '시속'을 기준으로 해요. 시속이란 한 시간에 달릴 수 있는 거리를 말해요. 시속 70km는 한 시간에 70km를 달릴 수 있다는 뜻이에요. 계기판에는 0에서 시작해서 보통 10 단위로 숫자가 적혀 있어요. 기본적으로 넉넉하게 250 정도까지는 적어놓는답니다. 스포츠카 같은 빠른 차들은 시속 300km를 넘기기도 해요. 그런 차들은 300이 넘는 숫자까지 표시해요.

🚗 아날로그와 디지털 계기판

계기판은 두 종류예요. 동그란 원에 시계처럼 숫자가 적혀 있고 바늘이 속도를 가리키는 아날로그 방식과 마치 전자시계처럼 숫자로 표현하는 디지털 방식으로 나뉘어요. 속도를 구하는 원리는 같지만 나타내는 방법이 다른 거예요.

두 계기판은 장단점이 있어요. 아날로그 방식은 속도 변화를 연속적으로 보여주지만, 정확한 순간 속도를 파악하기는 어려워요. 디지털 방식은 숫자로 정확하게 표현하지만, 속도가 올라가고 내려가는 흐름이 아날로그 방식만큼 자연스럽지는 않아요. 요즘에는 이런 방식을 결합해서 쓰기도 한답니다. 계기판 전체를 컴퓨터 화면처럼 만들어서 계기판의 모양을 자유롭게 바꾸기도 해요.

🚗 속도를 구하는 방법의 비밀은 바퀴에 있어요

바퀴가 한 번 돌아가면 차는 바퀴 둘레만큼 앞으로 나아간 거예요. 여기에 엔진이 도는 속도와 변속기 기어비가 얼마인지 따져서 속도를 구하는 공식이 있어요. 이렇게 계산한 값을 계기판 바늘로 표시한답니다. 이론적인 공식으로 구한 값이어서 실제로 달리는 속도와는 차이가 있어요. 자동차 회사에서 일부러 계기판 속도를 실제 속도보다 낮게 표시하도록 만들기도 한답니다. 표시된 속도보다 실제 속도가 느리면 안전에 도움이 되기 때문이에요. 실제 속도를 알고 싶을 때는 GPS를 이용하면 된답니다.

> **계기판 속도보다 더 정확한 GPS 측정**
>
> GPS는 우주에 떠 있는 위성을 이용해서 차의 위치를 파악하는 장치예요. 자동차에 달려 있는 내비게이션은 GPS를 이용해서 길을 알려주죠. GPS가 측정한 속도는 계기판 속도보다 더 정확하답니다. 내비게이션에 표시된 속도가 실제 달리는 속도라고 보면 돼요. 대부분 계기판 속도가 내비게이션 속도보다 느리게 나온답니다.

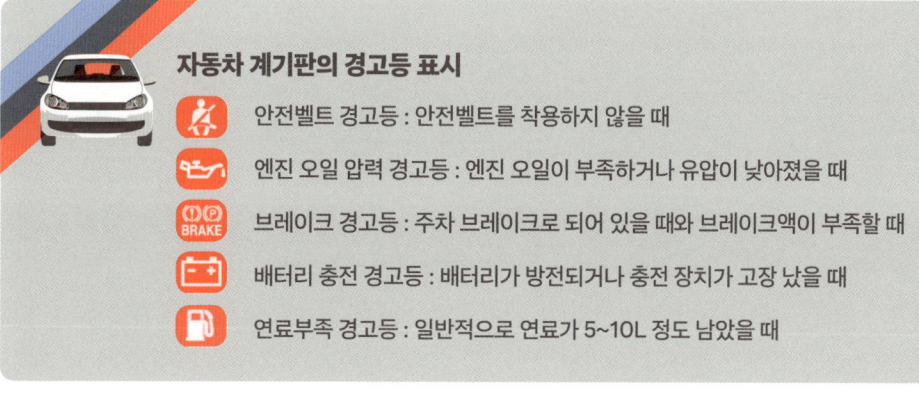

자동차 계기판의 경고등 표시

- 안전벨트 경고등 : 안전벨트를 착용하지 않을 때
- 엔진 오일 압력 경고등 : 엔진 오일이 부족하거나 유압이 낮아졌을 때
- 브레이크 경고등 : 주차 브레이크로 되어 있을 때와 브레이크액이 부족할 때
- 배터리 충전 경고등 : 배터리가 방전되거나 충전 장치가 고장 났을 때
- 연료부족 경고등 : 일반적으로 연료가 5~10L 정도 남았을 때

어떻게 자동차는 찬 바람과 더운 바람이 한 곳에서 같이 나오나요?

자동차는 공간이 작고 꽉 막혀 있어서 온도의 변화가 커요. 한여름에는 견딜 수 없을 정도로 뜨거워지고 겨울에는 얼음장처럼 차갑죠. 그래서 내부의 온도를 유지하기 위해 자동차에는 에어컨과 히터가 반드시 있어야 한답니다.

🚗 차 안에서는 온도 변화가 급격해져요

자동차는 작은 공간이에요. 그 안의 온도 변화는 우리가 생각하는 것 이상으로 크답니다. 따뜻한 봄날에는 바깥에 있으면 기온도 적절하고 햇살도 따사로워서 아주 쾌적해요. 하지만 햇빛이 비추는 차 안에 있으면 아주 덥죠. 마치 무더운 여름 날씨와 같아요. 이것은 차 안의 공간이 좁아 온도 변화가 급격해지기 때문이에요.

자동차에는 에어컨과 히터가 반드시 있어야 해요. 여름에는 에어컨이 없으면 차를 타고 다니기가 힘들죠. 반대로 겨울에는 따뜻한 공기가 나오지 않으면 차 안에 있기가 힘들어요. 에어컨과 함께 자동차 안에는 히터가 있어요. 히터는 따뜻한 바람을 내보내서 춥지 않게 해줘요.

🔹 에어컨과 히터를 한 곳에서 조절해요

에어컨과 히터는 한 곳에서 조절해요. 어떻게 더운 바람과 찬 바람이 한 곳에서 나올까요? 에어컨과 히터가 바람을 내보내는 장치를 같이 쓰기 때문이에요. 자동차에는 선풍기 날개처럼 바람을 만들어내는 장치가 있어요. 에어컨과 히터에서 차가워지거나 더워진 공기는 바람을 내보내는 장치로 이동해요. 그래서 찬 바람과 더운 바람이 한 곳에서 만들어지듯 보이는 거예요. 에어컨은 집에서 쓰는 에어컨과 비슷한 원리로 공기 온도를 낮춰요. 차 안에 작은 에어컨이 달린 셈이죠.

히터는 별다른 장치가 있지는 않아요. 엔진의 열을 이용해서 공기 온도를 높이죠. 엔진 내부의 연소실 온도는 섭씨 2000도까지 올라가요. 엔진의 열을 식혀주지 않으면 엔진이 제대로 작동할 수 없지요. 엔진 주변에 물이 흐르게 해서 엔진을 식혀줘요. 이런 물을 냉각수라고 하는데, 엔진을 식힌 냉각수의 온도는 섭씨 80~90도를 유지한답니다. 히터는 이 냉각수의 열을 이용해서 공기를 따뜻하게 만드는 거예요.

한여름에 자동차 안은 너무 뜨거워서 위험해요

한여름 자동차 실내 온도는 섭씨 90도까지 올라가요. 목욕탕의 한증막보다 더 뜨겁죠. 그래서 여름철에 자동차 안에 휴대용 라이터나 캔 음료수 등을 놔두면 폭발하는 경우가 있어요. 전자제품도 마찬가지여서 내비게이션이나 블랙박스 등은 열에도 잘 견딜 수 있게 만든답니다. 한여름에 창문을 닫은 채 어린이와 애완동물만 차에 남겨두면 무척 위험하답니다.

🔹 히터와 달리 에어컨은 엔진의 힘을 이용해요

히터는 엔진에서 생기는 남는 열을 이용하므로 엔진에 아무런 영향을 미치지 않아요. 에어컨은 달라요. 찬 바람을 만들려면 에어컨 장치를 돌려야 해요. 집에 있는 에어컨은 전기를 이용하죠. 그래서 여름에 에어컨을 많이 틀면 전기료가 많이 나와요.

자동차 에어컨은 엔진의 힘을 이용한답니다. 에어컨 스위치를 누르면 엔진에 연결된 에어컨 장치가 엔진의 힘을 빌려다 써요. 에어컨을 틀면 엔진이 더 많은 일을 해서 기름도 더 먹어요.

엔진이 없는 전기 자동차는 에어컨과 히터 모두 배터리에서 전기를 끌어다 써요. 여름에 에어컨을 틀거나 겨울에 히터를 작동하면 달릴 수 있는 거리가 줄어들어요.

자동차 경적 소리의 비밀

길을 걸을 때 자동차의 경적 소리에 놀란 적이 있을 거예요. 경적 소리는 자동차가 빛으로 의사소통할 수 없을 때에 주로 사용되지요. 차가 많은 곳에서는 자동차 경적 소리 때문에 스트레스를 받기도 해요. 모두 규칙을 잘 지키면 경적 소리가 줄어들 거예요.

🚗 자동차는 빛과 소리로 의사소통을 해요

자동차는 기계이지만 주변 사물이나 사람과 소통할 수 있어야 해요. 도로 위에서는 다른 차와 함께 달리고 골목길을 지날 때는 사람과 마주치기 때문이에요. 자동차는 크게 세 가지 방법으로 의사소통을 해요.

자동차 헤드램프는 하향등과 상향등으로 나뉘어요. 하향등은 보통 불빛이고 상향등은 좀 더 멀리 비출 수 있어요. 상향등이 하향등에 비해 훨씬 밝고 눈이 부시답니다. 상향등은 밤에 멀리 비추는 것 외에 일시적으로 깜박거리는 기능이 있어요. 앞차나 마주 오는 차에 주의를 주거나 경고할 때 깜박거려요. 외국에서는 양보했을 때 감사의 표시로 깜박거리기도 해요.

비상등을 켜면 양쪽 방향지시등이 계속해서 깜박거려요. 차가 일시적으로 위험에 처했거나 고장이 났을 때 비상등을 켜요. 우리나라에서는 양보에 대한 감사 표시로 쓰이기도 해요. 빛으로 하는 의사소통 방법이 통하지 않는 경우도 있어요. 그때에는 경적을 울려서 의사를 전달해야 해요.

🟠 경적의 쓰임새는 다양해요

신호가 바뀌었는데도 앞차가 출발하지 않을 때, 도로에서 무단 횡단하는 사람이 있을 때, 옆 차가 사각지대를 보지 못하고 끼어들 때는 경적을 울려요. 구불구불한 산길에서는 자신의 존재를 알리기 위해 경적을 울리기도 해요. 반대쪽에서 오는 차에게 보이지 않는 곳에서 차가 가고 있으니 조심하라고 알려주는 거예요.

🟠 경적 소리가 큰 이유

소리를 내는 장치는 보닛 안에 있어요. 보통 차 안에서 스티어링휠 가운데 부분을 누르면 '빵~' 소리가 나게 돼 있어요. 경적은 밀폐된 차 안에서도 들릴 수 있어야 하기 때문에 소리가 커요.

자동차 수천~수만 대가 굴러다니는 도로에서 경적 소리가 많이 들리면 소음공해예요. 도심의 복잡한 도로에서 경적 소리를 많이 들으면 스트레스에 시달리기도 해요. 지방의 한적한 도로라고 하더라도 시끄러운 경적 소리가 들리면 주민이나 동물들에게 큰 피해를 줘요. 어떤 도시는 경적을 울리는 걸 아예 금지하기도 해요. 우리나라도 정당한 이유 없이 계속 경적을 울리면 벌금을 물리는 법규가 있어요. 경적은 아주 위급한 상황이 아니라면 쓰지 말아야 해요.

> **클랙슨은 정식 명칭은 아니에요**
>
> 우리나라에서는 경적을 울린다는 표현을 '클랙슨을 울리다'라고 많이 쓰는데, 이 표현은 잘못된 표현이에요. 경적은 영어로 '혼horn'이에요. 클랙슨Klaxon은 프랑스의 자동차 부품 사인 클랙슨의 제품이 유명해서 붙은 이름이지요.

자동차의 심장, 엔진

자동차는 저절로 움직이지 않아요. 어디에선가 바퀴를 굴리는 힘을 얻어야 해요. 그 힘을 내는 부분을 엔진이라고 해요. 엔진은 기름을 태워서 나오는 에너지를 움직이는 힘으로 바꾸는 기관이죠. 엔진은 열에너지를 운동에너지로 바꾼답니다.

🚗 자동차의 심장, 엔진

엔진 안에서 힘을 만드는 부분을 실린더라고 해요. 실린더 안에 연료와 공기를 넣어서 폭발시키면 피스톤이 밀리면서 엔진이 돌아가는 거예요. 실린더가 많으면 그만큼 힘을 내는 부분이 여러 곳이어서 엔진은 더 큰 힘을 낼 수 있죠.

    실린더 수가 많을수록 차는 더 큰 힘을 내요. 실린더는 '기통'이라고 불러요. 실린더의 수에 따라 '몇 기통 엔진'이라고 부르죠. 자동차 엔진의 실린더는 보통 3~12개를 써요. 3기통 엔진은 작은 차에 쓴답니다. 오토바이는 대부분 실린더가 1~2개예요. 커다란 배들은 실린더가 많을 것 같지만 실제로는 자동차와 비슷해요.

🔴 기통의 숫자가 클수록 힘이 세요

차체가 작은 경차에는 주로 3기통 엔진을 얹어요. 우리 주변에 다니는 차의 상당수는 실린더가 4개인 4기통 엔진을 써요. 큰 차와 비싼 차, 큰 힘을 내야 하는 스포츠카는 엔진도 큰 걸 쓰죠. 큰 엔진은 주로 6기통이나 8기통이에요. 12기통도 있는데 워낙 큰 엔진이라 아주 큰 일부 고급차에만 써요. 주로 기술력과 힘을 과시하기 위한 목적이지요. 요즘에는 공기를 추가로 공급하는 과급기라는 장치를 써서 엔진의 크기를 키우지 않고도 큰 힘을 내도록 해요.

엔진은 차 안에 들어가기만 한다면 얼마든지 커질 수 있어요. 캐딜락이라는 회사는 아주 오래전인 1930년대에 이미 16기통 엔진이 달린 차를 팔았어요. 2000년대에 들어서 숫자 16을 뜻하는 '식스틴'이라는 콘셉트카를 만들었어요. 16은 16기통을 가리켜요. 사람들의 반응이 좋으면 진짜로 판매하려고 했는데 결국에는 만들지 못했어요. 16기통 엔진은 힘은 좋지만 기름을 많이 먹어서 실제로 타고 다니기는 힘들어요.

부가티에서 만드는 차에는 16기통 엔진이 들어가요. 엔진 힘은 1000마력이 넘고 최고 속도도 시속 400km 넘게 올라가요.

배기량을 자동차 이름에 나타내요

실린더 크기는 엔진마다 달라요. 엔진 크기를 나타낼 때는 배기량이라는 말을 쓰는데, 실린더 내부 공간 크기를 모두 합한 부피를 말해요. 4기통 2.0L(또는 2000cc) 엔진은 실린더 하나의 부피가 0.5L라는 뜻이에요. 배기량이 커지면 힘도 강해져요. 큰 차들은 기통 수도 많지만 배기량도 크답니다.

차에는 배기량을 나타내는 숫자를 이름 뒤에 붙이기도 해요. 폭스바겐이 만드는 골프 2.0 TDI는 배기량이 2.0L라는 뜻이에요. 페라리 296 GTB의 29는 배기량 2.9L를 가리켜요. 어떤 차들은 V8, V12 등 기통 수를 차에 붙이기도 한답니다. 같은 모델끼리도 엔진이 달라서 구분하려고 또는 큰 엔진을 자랑하기 위해서예요.

🔶 모양에 따라 이름이 달라요

실린더는 모양에 따라 부르는 이름이 달라요. 보통은 일렬로 쭉 늘어놓아요. 이런 엔진은 '직렬' 엔진이라고 해요. 실린더가 많아지면 한 줄에 다 세울 수 없어요. 그래서 6기통을 넘어가면 반으로 쪼개서 V자로 맞붙여 놓는답니다. 그럴 때는 V6, V8 이런 식으로 불러요. 그런데 6기통 중에도 일렬로 배치한 직렬 엔진이 있답니다. 독일의 BMW는 6기통 엔진을 직렬 방식으로만 써요. V6 엔진에 비해서 엔진이 더 부드럽게 움직여요.

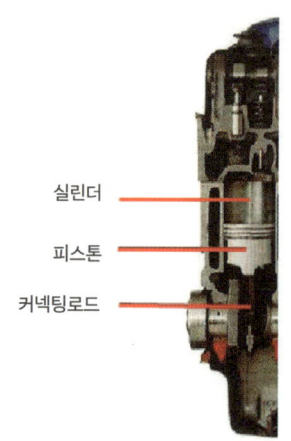

실린더
피스톤
커넥팅로드

실린더를 눕혀서 마주보게 만들기도 해요. 수평대향 또는 복서 엔진이라고 해요. 움직이는 방식이 마치 권투 선수가 마주보고 주먹을 오가는 모습과 비슷해서 붙은 이름이에요. 스포츠카로 유명한 포르쉐가 복서 엔진을 쓰는 대표적인 회사예요.

수평대향 엔진

캐딜락 식스틴

부가티 시론

대시보드를 가득 채운 메르세데스-벤츠 EQS 디스플레이

자동차도 스마트폰처럼 다룰 수 있을까요?

혼다 e

요즘 자동차에는 첨단 기능이 잔뜩 들어 있어요. 버튼만 가지고는 기능을 다 작동할 수 없어요. 이제는 많은 기능을 쉽게 다루도록 스마트폰이나 태블릿 같은 화면을 설치해요. 터치해서 메뉴를 찾아 들어가면 기능을 실행할 수 있어요.

커다란 화면에 기능을 모아요

자동차에는 보통 대시보드 가운데 화면이 하나 달려 있어요. 내비게이션을 보여주거나 음악 기능을 조절하는 화면이에요. 다른 기능은 보통 버튼을 눌러서 작동해요. 자동차의 기능이 많아지면서 버튼으로만 해결하기 힘들어졌어요. 전달해야 할 정보도 많아져서 작은 화면으로는 감당할 수 없는 상황이 되었지요. 자동차 회사들은 커다란 화면에 기능을 모으는 아이디어를 떠올렸어요. 스마트폰이나 태블릿을 사용할 때처럼 화면을 터치해서 차 안의 기능을 작동할 수 있도록 커다란 화면을 차 안에 설치했어요.

늘어나는 화면의 수

전기차 회사 테슬라는 화면 유행을 주도했어요. 2012년에 선보인 모델 S는 센터페시아에 커다란 17인치(43.2cm) 모니터를 달고 나왔어요. 버튼은 거의 없고 화면으로 차의 기능을 대부분 조절해요. 계기판까지 12.3인치(31.2cm) 화면으로 구성했어요. 이후 커다란 화면이 유행으로 자리 잡았죠. 화면이 크고 많을수록 고급스럽다는 인식이 퍼지면서 자동차 회사들은 경쟁적으로 화면의 크기를 키우고 개수도 늘렸어요.

메르세데스-벤츠에서 내놓은 전기차 EQS에는 대시보드와 센터페시아를 전부 화면으로 채웠어요. 하이퍼스크린이라고 부르는 EQS의 화면은 크기가 1.4m나 돼요. 아우디 전기차 Q8 e-트론은 화면을 5개나 갖췄어요. 계기판, 중앙 화면 2개, 사이드미러 대신 바깥을 보여주는 화면 2개로 구성되어 있어요. 고급차에만 달리던 대형 화면은 이제 일반 자동차에도 널리 퍼져서 기본 장비가 되었어요.

늘어나는 화면은 자율주행 자동차의 발달과도 관련 있어요. 자율주행 자동차 시대가 오면 운전하지 않아도 되므로 차 안에서 보내는 시간이 더 중요해져요. 화면이 크고 여러 개이면 자동차 안에서 그만큼 더 많은 콘텐츠와 기능을 즐길 수 있어요.

🔧 무선 업그레이드 기술

스마트폰을 사용하다 보면 종종 운영체제를 업그레이드하는 때가 와요. 기능을 추가하거나 성능을 개선할 목적으로 스마트폰 제조사가 업그레이드를 실시해요. 버튼 하나만 누르면 간단하게 무선으로 업그레이드를 진행할 수 있어요. 요즘에는 자동차도 무선 업그레이드로 기능을 개선해요. 전자 장비가 늘어나면서 차의 여러 기능을 소프트웨어로 제어해요. 내비게이션, 전자제어 장치, 운전자 보조 시스템 등은 소프트웨어만 업그레이드하면 기능이 더 좋아져요. 굳이 새 차를 사지 않아도 최신 차를 타는 효과를 얻을 수 있어요.

대시보드

운전석과 조수석의 앞쪽에 엔진룸과 승객 공간을 구분하는 부분을 가리켜요. 보통 T자 형태로 되어 있어요. 계기판, 에어백, 오디오 시스템, 에어컨 송풍구 등 각종 장치가 달렸어요. 마차에서 말발굽에 튀는 흙이나 돌로부터 마부를 보호하려고 설치한 판에서 유래했어요. 초창기 자동차에는 열이 나는 엔진과 실내를 나누는 격벽 역할을 했어요. 이후 각종 장치를 하나둘 설치하면서 요즘 같은 대시보드로 발전했답니다.

센터페시아

대시보드의 한 부분이에요. '페시아 fiscia'는 대시보드와 같은 말이고, '센터 center'는 가운데를 가리켜요. 대시보드의 'T'자 형태에서 운전석과 조수석 사이의 'I' 형태 부분을 가리키는데, 구조에 따라서 명확하게 구분되지 않기도 해요. 변속기 레버나 디스플레이, 각종 버튼이 달려 있어요.

메르세데스-벤츠 EQS

1L로 100km를 달리는 자동차도 있어요

자동차는 기름을 태워서 나오는 에너지로 달려요. 원유를 가공해서 만드는 기름은 무한정한 자원이 아니에요. 그래서 자동차 회사들은 연비가 높은 차를 만들기 위해 계속 노력하고 있어요. 언젠가는 1L로 100km를 달릴 수 있는 자동차를 쉽게 탈 수 있는 날이 올 거예요.

폭스바겐 XL1

🚗 연비는 1L당 달릴 수 있는 거리예요

자동차가 연료로 얼마만큼 달릴 수 있는지 나타낸 수치를 연비라고 해요. 연비는 1L로 몇 km를 달릴 수 있는가로 나타내요. 기호로는 km/L(킬로미터 퍼 리터)라고 표시하죠. 적은 연료로도 멀리 달릴 수 있다면 좋겠지만 실제로는 그렇지가 않아요. 1L의 연료로 갈 수 있는 거리는 보통 10~20km 정도랍니다. 차가 무겁거나 속도를 내서 빨리 달리면 기름을 더 많이 써요. 큰 차나 스포츠카는 무겁거나 빠르기 때문에 연비가 낮아요. 우리가 빨리 달릴 때 더 힘든 것과 비슷한 원리죠. 심지어 큰 차나 스포츠카 중에는 1L에 3km 정도만 달리는 차도 있어요.

🚗 폭스바겐의 무한 도전

독일의 폭스바겐이라는 회사는 100km를 3L의 연료로 달릴 수 있는 차를 만들려고 노력했어요. 1L로 33.3km를 달릴 수 있는 아주 연비가 좋은 차죠. 폭스바겐에서 만드는 차 중 일부는 이 연비를 실현했어요. 폭스바겐은 이보다 더 높은 목표를 세워서 1L에 100km를 달리는 차도 만들었어요. 2002년에 나왔는데 판매를 하기 위해 만든 차는 아니고 연비를 실험하기 위해 특별하게 만들어졌지요.

폭스바겐은 2013년에는 1L에 111km를 가는 XL1이라는 차를 내놓았어요. 실제로 팔기 위해 만들었는데 누구나 쉽게 살 수 있는 차는 아니었어요. 가격이 1억 원이 넘을 정도로 비싸고 연비를 높이는 특별한 구조를 적용해서 일상생활에서 편하게 타고 다닐 수 없었지요.

🛞 디젤과 하이브리드는 연비가 높아요

토요타에서 만든 하이브리드 모델인 프리우스는 1L에 20.9km를 달린답니다. 기아 니로 하이브리드의 연비도 1L에 20.8km예요. 현대 쏘나타 하이브리드의 연비는 하이브리드와 가솔린이 각각 1L에 20km와 13km 정도예요. 하이브리드 자동차가 얼마나 연비가 높은지 알겠죠?

기름은 태우면 에너지로 바뀌는데, 100% 모두 에너지로 쓰이지는 않아요. 열이 되어 공중으로 날아가는 등 낭비되는 게 많아요. 가솔린은 100% 중에서 25%만 에너지로 쓰이고, 나머지 75%는 버려진답니다. 디젤은 35% 정도로 가솔린보다 높아요. 그래서 디젤이 연비가 더 높게 나온답니다.

하이브리드 자동차는 달릴 때 엔진이 계속해서 작동하지 않아요. 전기 모터가 달려 있어서 주행 중에는 엔진 대신 전기 모터가 차를 굴린답니다. 달리는 도중에 엔진이 쉬는 시간이 많아서 연비가 높지요.

현대 쏘나타 하이브리드

🚙 할리우드 배우들이 좋아하는 프리우스

환경 문제에 예민한 유명 인사들은 친환경차를 즐겨 타요. 특히 할리우드 배우들이 환경을 생각하는 배우라는 이미지를 얻기 위해 친환경차를 선호해요. 프리우스는 처음 나왔을 때 높은 연비만이 아니라 '친환경' 이미지를 앞세웠어요. 대표적인 할리우드 배우인 리어나도 디캐프리오를 비롯해 줄리아 로버츠, 제시카 알바, 캐머런 디아즈, 엠마 왓슨, 올랜도 볼룸 등 여러 배우가 프리우스를 선택했어요.

한 번 충전해서 1000km를 달려요

스마트폰을 비롯해 들고 다니는 전자제품을 사용하려면 충전이 필요해요. 가득 충전하더라도 배터리가 바닥이 나면 사용하지 못하므로 얼마나 남았는지 수시로 살펴야 해요. 전기차도 충전해야 타고 다닐 수 있어요. 전기차에서 중요한 요소는 1회 충전 주행거리예요. 한 번 충전했을 때 달릴 수 있는 거리로 성능을 판가름해요.

메르세데스-벤츠 EQXX

충전 중인 전기차

🚗 전기차에서는 1회 충전 주행거리가 중요해요

엔진으로 달리는 차는 주유소에 가서 기름을 채우고, 전기차는 충전소에 가서 전기를 충전해요. 기름은 2~3분이면 넣을 수 있지만, 충전은 최소한 20~30분이 걸려요. 충전 방식에 따라 몇 시간 넘게 걸리기도 해요. 충전을 자주 하면 번거로워요. 급하게 이동하는데 충전하느라 시간을 뺏기면 중요한 일을 망칠 수도 있어요. 충전소에 차가 몰리면 한참 기다려야 해요. 1회 충전 주행거리가 길다면 충전하는 횟수도 그만큼 줄어들어요. 충전 걱정을 덜면서 장거리를 달릴 수도 있어요.

    주행거리는 자동차가 달린 거리를 말해요. 전기차는 배터리를 완전히 충전한 후 전기가 바닥날 때까지 달릴 수 있는 거리를 '1회 충전 주행거리'로 표시해요. 전기차를 만드는 회사들은 1회 충전 주행거리를 늘리는 데 주력해요. 가장 쉬운 방법은 배터리 용량을 늘리는 거예요. 큰 배터리를 넣으면 그만큼 주행거리도 길어져요. 하지만 배터리가 늘어나면 무게가 무거워져서 효율이 떨어지고 충전하는 시간도 오래 걸리죠. 공기 저항을 줄여도 주행거리가 늘어나요. 저항을 덜 받을수록 차가 더 쉽게 나아갈 수 있어요. 전기차의 차체는 대부분 공기 저항을 줄이는 매끈한 유선형이에요.

일반 전기차는 보통 1회 충전 주행거리가 300~400km대예요

주행거리가 긴 차는 500~600km까지도 달릴 수 있어요. 주행거리가 아주 잘 나오는 차는 800km대까지 올라가요. 자동차 회사들은 주행거리 1000km를 넘기려고 노력해요. 메르세데스-벤츠가 내놓은 비전 EQXX 콘셉트카는 1회 충전으로 1000km 이상 달려요. 공기 저항을 줄인 차체와 가벼운 무게, 효율성을 높이는 기술을 결합해 완성했어요. EQXX는 독일 진델핑겐에서 프랑스 카시스까지 1000km 구간을 달리는 데 성공했어요. 주행을 끝마친 후에도 배터리가 15%나 남았어요.

전기차는 여름과 겨울에 달릴 수 있는 거리가 달라져요

추운 겨울에는 전기차가 달릴 수 있는 거리가 줄어들어요. 배터리 안에서 전기를 만들어내는 물질의 움직임이 둔해져서 성능이 떨어져요. 히터 사용이 늘면 그만큼 에너지를 쓰게 되므로 배터리 효율이 낮아져요. 겨울에는 주행거리가 20~30% 정도 줄어들어요. 자동차 회사들은 차에서 발행하는 열을 이용해 난방하거나 배터리 온도를 올리는 장비를 해결책으로 내놓고 있어요.

배터리를 80%만 충전하는 이유

배터리 충전량이 80%를 넘어가면 충전 속도가 느려져요. 배터리 안의 물질 반응이 둔해져서 충전 속도가 느려지는 거예요. 80%를 넘어서 전류가 많이 공급되면 배터리에 손상이 생길 수 있어요. 우리가 식사할 때를 생각하면 되어요. 식사량은 위장의 70~80% 차는 정도가 적당하다고 해요. 배가 빵빵한 느낌이 들 만큼 먹으면 위장에 무리가 가서

전기차 콘센트

소화 불량에 걸리기 쉬워요. 위장의 70~80% 정도 차게 먹으면 위장 운동과 소화 호르몬이나 소화 효소 분비가 활발해져서 소화가 잘된대요. 빠르게 충전하는 급속 충전기는 배터리 용량이 80% 될 때까지만 충전하거나, 80% 넘어가면 충전 속도를 느리게 조절해요.

유리로 되어 있는 자동차 지붕은 약하지 않나요?

파노라마 선루프

햇빛과 비를 막아주는 자동차의 지붕은 안전을 위해서도 꼭 필요해요. 답답하지 않도록 지붕을 여닫게 만드는 차도 있지요. 요즘에는 아예 지붕을 유리로 만들어서 탁 트인 하늘을 볼 수 있도록 한답니다.

지붕을 유리로 만든 선루프

자동차에 지붕은 꼭 있어야 해요. 그런데 지붕이 있으면 위가 막히기 때문에 아늑하지만 갑갑해요. 지붕은 필요하지만 시야를 가리는 것이 가장 큰 단점이에요. 그래서 자동차 회사들은 지붕을 열 수 있는 차를 만들었답니다.

컨버터블이라는 차는 지붕을 열고 닫을 수 있어요. 그런데 지붕을 접는 구조를 만드는 것은 무척 어려워요. 공간도 손해 보고 비용도 많이 들어요. 일상생활에서 쉽게 탈 수 있는 차가 아니어서 많이 팔리지는 않아요.

지붕이 있으면서 탁 트인 시야를 얻을 수 없을까 고민하던 자동차 회사들은 지붕의 일부를 유리로 만들었어요. 평소에는 가림막으로 가려놨다가 하늘이 보고 싶으면 가림막을 여는 식이죠. 유리까지 열면 지붕이 없는 효과를 얻을 수 있어요. 하늘도 보고 환기도 할 수 있는 등 유리의 효과는 커요. 이처럼 지붕에 달린 유리를 선루프sun roof라고 해요. '해를 볼 수 있는 지붕'이라는 뜻이죠. 외국에서는 달을 볼 수 있다고 해서 문루프moon roof라고 부르기도 한답니다.

지붕이 모두 유리인 파노라마 선루프

예전에는 선루프가 차 지붕의 3분의 1 정도만 차지했어요. 요즘에는 아예 지붕의 대부분을 유리로 덮는 차가 늘고 있어요. 이런 유리 지붕을 '파노라마 루프panoramic roof'라고 불러요. 파노라마는 연달아 바뀌는 광경을 뜻해요. 차 지붕의 대부분이 유리라서 시야가 탁 트여 있죠. 이런 유리 지붕은 만들기가 쉽지 않아요. 게다가 유리 지붕은 사고가 났을 때 위험할 수 있어요. 그래서 차가 뒤집히거나 지붕에 어떤 물체가 떨어져서 깨지더라도 유리 파편이 튀지 않고 사람에게 피해를 주지 않도록 안전 규정에 맞게 만들어요.

> **지붕이 없는 컨버터블 자동차**
>
> 지붕이 없는 자동차를 컨버터블 자동차라고 하는데, 그것보다는 오픈카라는 말이 더 익숙해요. 영어 단어 convertible은 '전환할 수 있는'이라는 뜻이에요. 컨버터블은 지붕을 열고 닫을 수 있어요. 천 재질로 만든 지붕은 소프트톱softtop이라 하고, 플라스틱이나 철 등 딱딱한 재질의 지붕은 하드톱hardtop이라고 해요.

유리 지붕의 색이 변해요

파노라마 루프도 평상시에는 햇빛이 들어오지 않도록 가림막으로 가려놔요. 요즘에는 아예 가림막이 없는 파노라마 루프도 나와요. 햇빛이 비칠 때는 유리를 불투명하게 바꿔서 빛이 통과하지 못하도록 해요. 햇빛을 쐬고 싶을 때는 유리를 투명하게 바꾸면 돼요. 버튼 하나만 누르면 간편하게 바뀌어요. 유리에 구역을 나눠서 일부분만 빛이 들어오게 할 수도 있어요. 투명도를 조절하는 루프에는 액정을 사용해요. 유리에 전기가 흐르면 액정 물질이 일정하게 배열되어서 투명해져요. 전기가 흐르지 않을 때는 액정 물질이 불규칙하게 흐트러져서 빛이 통과하지 못하는 불투명한 상태로 바뀐답니다.

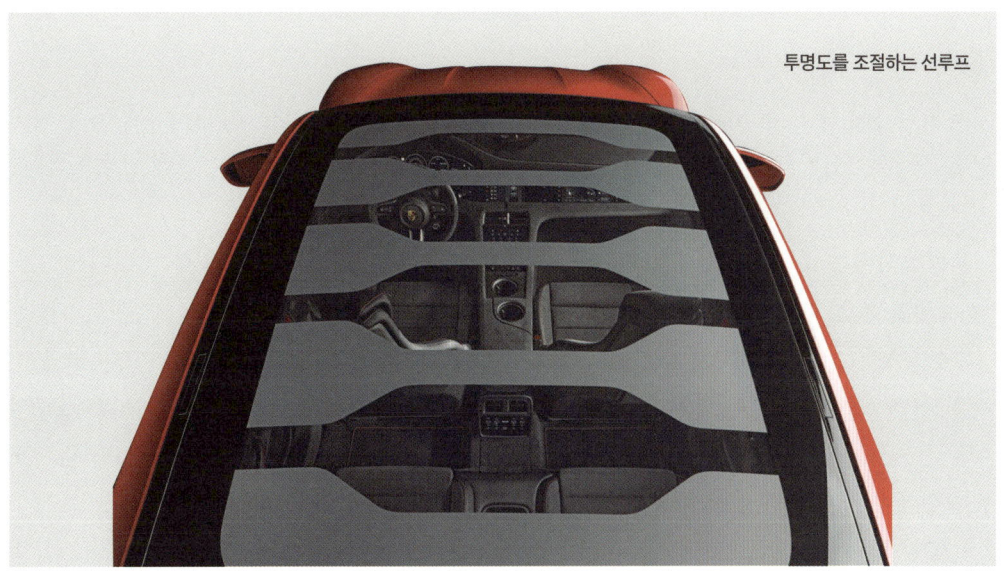

투명도를 조절하는 선루프

자동차 불빛의
다양한 역할

자동차에는 여러 불빛이 있어요. 어두울 때 자동차 안을 밝혀주는 실내등 외에도 자동차가 갈 길을 비춰주는 전조등, 자동차의 위치를 알려주는 후미등, 방향을 알려주는 방향지시등 등이 있죠. 번쩍번쩍 빛나는 자동차의 불빛에 대해 알아봐요.

주간 주행등
헤드라이트
방향지시등

🚗 번쩍번쩍 자동차의 불빛

자동차는 전조등 또는 헤드라이트(헤드램프)라는 전등을 달고 있어요. 밤에는 전조등을 켜야 앞을 잘 볼 수 있답니다. 전조등은 상향등과 하향등으로 나뉘어요. 전조등 안에 같이 들어 있기 때문에 밖에서는 잘 구분되지 않아요.

평상시에는 하향등을 켜요. 하향등은 자동차의 앞면 아래쪽을 향해 빛을 비추어서 도로의 상태를 잘 알 수 있게 해줘요. 하지만 빛이 멀리 가지는 않죠.

상향등은 더 멀리 비출 수 있어요. 더 멀리 보게 해주지만 맞은편에서 달려오는 차 운전자의 정면으로 빛을 쏘게 되죠. 맞은편 운전자는 눈이 부셔 운전을 제대로 할 수 없어요. 상향등은 앞에 차가 없을 때만 써야 해요. 가로등이 없는 시골길에서 상향등을 켜고 가다가도 맞은편에서 차가 오면 잠시 하향등을 해주는 것도 필수 운전 매너랍니다.

상향등은 신호 전달 용도로도 써요. 매우 밝아서 한 번만 번쩍거려도 앞차에 경고를 할 수 있어요. 상향등은 가로등이 없거나 위급한 상황을 알릴 때만 사용해야 해요. 뉴스를 보면 상향등 때문에 앞을 제대로 보지 못해 교통사고가 나거나 상향등을 켰다는 이유로 시비가 붙어 큰 싸움으로 번졌다는 소식을 자주 접할 수 있어요.

상향등과 하향등은 운전자가 스위치로 따로 조작해줘야 해요. 요즘에는 자동으로 상향등과 하향등을 조절하는 차도 있어요. 앞에 차가 있느냐 없느냐에 따라 비추는 곳을 달리 한답니다.

🚗 낮에도 불을 켜요

전조등은 낮에도 켜고 다녀요. 전조등은 앞쪽을 밝게 비추는 용도 외에 자신의 위치를 알리는 용도로도 써요. 밤에 전조등을 켜지 않으면 다른 차들이 그 차를 잘 볼 수 없답니다. 낮에도 불을 켜면 차의 위치를 확실하게 알 수 있어

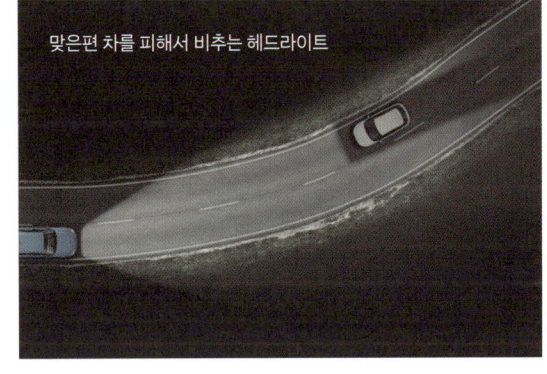
맞은편 차를 피해서 비추는 헤드라이트

서 안전 운전에 도움이 되지요. 흐린 날이 많은 유럽에서는 아예 낮에도 불이 켜지게 차를 만든답니다.

요즘에는 전조등 대신 주간 주행등이라는 등이 따로 있어서 하루 종일 불을 켜고 달려요. 해요. 특히 주간 주행등을 아주 멋있게 만드는 게 요즘 유행이에요.

🚗 차에는 여러 가지 등이 있어요

안개등은 안개가 꼈을 때 켜면 앞을 좀 더 잘 볼 수 있어요. 유럽 차들은 특이하게 뒤에도 안개등이 달렸어요. 뒤에 오는 차들이 앞차를 잘 구별할 수 있도록 하기 위해서죠.

코너링 램프는 차가 좌우로 돌아갈 때 돌아가는 방향을 따로 비춰요. 빛은 직진하는 성질이 있어서 차가 회전할 때에는 빛이 비추지 못하는 부분이 생겨요. 코너링 램프는 차가 돌 때에만 켜져서 그 부분을 비춘답니다. 보통은 안개등이 코너링 램프 역할도 같이 해요.

> **'깜빡이'로 불리는 방향지시등**
>
> 방향지시등은 앞뒤 모두 노란색이에요. 미국에서는 뒤쪽 방향지시등이 붉은색이기도 해요. 오른쪽과 왼쪽의 방향지시등이 한 번에 깜박거리는 경우가 있는데 이럴 때는 비상등이라고 불러요. 차 안에 스위치가 따로 있어서 위급한 상황이나 갑자기 멈추어야 할 때 켠답니다. 우리나라에서는 길을 양보해준 차에게 고맙다는 의미로 비상등을 몇 번 깜박거리기도 해요. 주로 차선을 바꾸려는데 뒤의 차가 거리를 벌려주었을 때 깜박거려요. 외국에서는 상향등을 한 번 깜박여서 고마움을 표시해요. 반대로 우리나라는 상향등을 깜박거리면 불쾌하거나 경고한다는 의미로 받아들여요.

편리하고
안전한 경차

경차의 천국인 일본은 주차장이 있어야 차를 살 수 있어요. 우리나라는 땅이 좁지만 규제가 적은데다 큰 차를 좋아하는 편이라 경차의 인기가 없어요. 그러나 경차를 타면 좋은 점이 많아요.

기아 레이

혼다 N원

닛산 데이즈

🚗 차의 크기와 성능

자동차의 크기는 아주 다양해요. 한 사람이 겨우 타는 자동차가 있는가 하면 수십 명이 타는 버스까지 천차만별이에요. 우리가 타는 승용차는 보통 5명이 타는 구조로 되어 있어요. 차의 크기는 도로의 폭이나 주차장 크기 등 주변 환경에 맞춰야 해요. 또 차의 크기는 성능이나 연비와도 관련이 있어요. 차가 크면 무거워져요. 무거우면 달리기 힘들고, 빠르게 달리려면 더 크고 힘이 센 엔진을 넣어야 해요. 무거우면 기름도 많이 먹는답니다.

> **경차의 천국, 일본**
>
> 이웃 나라 일본에는 수십 종류의 경차가 있어요. 경차의 천국이라고 부르죠. 일본은 도로가 좁고 차가 많은 데다가 주차장을 확보해야만 차를 살 수 있어요. 그래서 작은 차를 선호합니다. 일본에서는 10대 중에 4대가 경차라고 해요. 매우 많죠. 유럽도 작은 차가 많이 팔리고, 경차의 종류도 다양해요.

🚙 작고 가벼운 경차를 타면 좋은 점

경차의 '경輕' 자는 한자로 가볍다는 뜻이에요. 5명이 탈 수 있는 차 중에 가장 작은 차라고 보면 돼요. 경차는 크기가 작아서 좁은 골목길도 편하게 다닐 수 있어요. 차가 작고 가볍기 때문에 기름도 적게 먹어서 경제적이지요. 차 값도 싼 편이에요. 경차 가격은 보통 1000만 원대예요. 시작 가격이 2500만 원대인 중형차보다 많이 싸죠. 경차는 세금도 적게 내요. 경차가 많이 팔려야 기름도 절약하고 도로의 번잡함도 어느 정도 해소할 수 있으므로 나라에서 경차를 많이 사라고 혜택을 주는 거예요. 이 밖에도 공영주차장이나 고속도로 통행료도 50% 할인해주는 등 혜택이 많답니다.

🚗 경차의 규격

경차는 규격이 있어요. 우리나라에서는 길이가 3.6m를 넘으면 안 돼요. 엔진은 1000cc 이하여야 해요. 엔진이 작아서 경차는 힘이 좀 약한 편이에요. 일상생활에서 타고 다닐 때는 크게 불편하지 않지만 갑자기 속도를 내야 하거나 빠른 속도로 달릴 때에는 약한 모습을 보이기도 한답니다.

경차는 작아서 안전하지 못하다는 인식이 있는데, 꼭 그렇지 않아요. 경차도 일반 자동차와 똑같은 안전 규정을 적용해요. 안전 기준을 다 통과해야 하므로 기본적인 안전성은 다 확보하고 있답니다.

🚙 우리나라에서 경차는 인기가 없어요

우리나라는 땅이 좁고 차가 많아서 작은 차가 늘어야 해요. 경차가 많이 팔려야 하는 나라예요. 우리나라 사람들은 큰 차를 좋아해서 경차가 많이 팔리지 않아요. 자동차 회사들도 경차를 많이 만들지 않아요. 우리나라 경차는 현대 캐스퍼, 기아 모닝과 레이 세 종류밖에 없어요.

자동차와 소리

요란하게 울리는 경적 소리, 엔진이 돌아갈 때 부품이 작동하는 소리, 엔진 속에서 타고 난 연기가 빠져나가는 소리 등 자동차에서는 여러 소리가 나요. 타이어가 도로면과 닿을 때도 소리가 발생해요. 차는 빠른 속도로 달리기 때문에 공기가 와서 부딪히는 소리도 크게 들리지요. 그런데 전기차는 엔진 소리가 들리지 않아요.

현대 아이오닉 6

폭스바겐 ID. 버즈

🚗 자동차 경적 소리는 소음이에요

불쾌하고 시끄러운 소리를 소음이라고 해요. 듣는 사람의 심리적 상태나 환경에 따라서 소리 또는 소음이 되기도 하지요.

    벽시계 소리는 30dB(데시벨)로 쾌적한 느낌이에요. 냉장고 소리는 40dB이지요. 사람들의 보통 음성은 65dB로 집중할 때 방해가 될 정도예요. 70dB의 전화벨 소리는 신경을 자극하고, 도로변의 계속된 소음으로는 청력이 손실될 수도 있대요. 자동차 경적음은 100dB로 소변량을 증가시키고 난청을 발생시킨다는 연구 결과가 있어요. 그러나 자동차 소리는 정도와 위치에 따라서 자동차의 이상 증세를 알 수 있을 정도로 중요해요.

🚗 자동차의 소음을 없애는 기술

차에서 나는 소리는 듣기 좋은 소리와 듣기 싫은 소리로 나눌 수 있어요. 듣기 싫은 소리는 소음이라고 해요. 삐거덕 거리는 소리 등 잡소리는 소음이에요. 바람 소리가 너무 커도 시끄러워서 불쾌해진답니다. 엔진 소리가 크면 귀가 먹먹해져요. 그런데 엔진 소리를 즐기는 사람들도 있어요. 스포츠카 같은 차는 일부러 엔진 소리를 크게 해요.

자동차 개발은 소음과의 싸움이에요. 가능한 한 조용하게 탈 수 있도록 차 구석구석에 소리를 흡수하는 소재를 붙여요. 음악을 연습하는 사람이 소리가 새어 나가지 않게 방음실에서 연습하듯이 차를 방음실처럼 만드는 거예요. 비싼 차는 방음 소재를 많이 써서 일반 차보다 더 조용한 편이지요. 소음을 소음으로 없애기도 해요. 소음은 파동의 한 종류인데 반대 파동을 쏘면 파동이 사라지면서 소음이 줄어요. 이런 기술을 노이즈 캔슬링Noise Cancelling이라고 해요. 헤드폰이나 이어폰에 오래 전부터 사용하던 기술이에요. 조용하다고 꼭 기술력이 좋다고 할 수는 없어요. 일부러 엔진 소리를 들리게 만들기도 해요. 대신 아주 듣기 좋은 소리가 나게 하죠.

> **전기차는 일부러 소리를 만들어요**
>
> 자동차는 소리를 없애야 좋은 거지만 전기차는 달릴 때 너무 조용해서 일부러 소리를 만들기도 해요. 사람들이 다니는 골목이나 주차장 같은 데서 차가 소리 없이 움직이면 걸어 다니는 사람들이 위험해질 수도 있기 때문이에요. 역동적인 분위기를 살리려는 차들은 일부러 엔진 소리를 크게 만드는 장치를 달기도 해요. 스피커에서 일부러 만든 엔진 소리를 내보내서 원래 성능보다 더 강한 차처럼 느끼게 하는 경우도 있답니다.

🚗 하이브리드와 전기 자동차가 아무 소리도 들리지 않는 이유

하이브리드와 전기 자동차는 차 안에 전기 모터가 들어 있어요. 전기 모터가 돌아갈 때는 '지잉~' 하는 소리가 나요. 전기로 움직이는 지하철이 달릴 때 나는 소리와 비슷해요. 하이브리드 차는 엔진과 전기 모터가 같이 있어서 엔진하고 전기 모터 소리가 수시로 번갈아가면서 들려요. 전기차는 전기 모터만 있어서 엔진 소리가 아예 들리지 않는답니다.

차가 정지해도 시동을 끄지 않으면 엔진이 계속 돌아서 소리가 들려요. 전기나 하이브리드 자동차는 정지하면 엔진이나 모터가 꺼져버려요. 차가 시동을 끄고 가만히 서 있을 때처럼 아무 소리도 들리지 않는답니다. 요즘에는 보통 차들도 기름을 아끼기 위해 차가 정지하면 엔진이 자동으로 멈췄다가 출발할 때 다시 작동해요. 시동이 꺼져 있는 동안 차에서 아무 소리도 들리지 않는답니다.

레이더가 달린 자동차는 스스로 거리를 조절해요

스스로 알아서 달리는 차는 아니더라도 요즘 차에는 운전을 편하게 해주는 여러 가지 기능이 들어가요. 자동차를 일정한 속도로 달리게 하거나 위험을 경고해주는 레이더 덕에 힘들고 어려운 운전이 편해지고 있어요.

제네시스 GV80

🚗 스스로 운전하는 자동차를 개발 중이에요

자동차 운전은 매우 어렵고 힘든 일이에요. 도로에는 수많은 차가 함께 달리고 신호등도 곳곳에 있어요. 골목이나 아파트 안 도로 같은 곳은 사람도 많이 지나다녀요. 항상 신경을 곤두세우고 살펴야 해요. 자동차를 빠른 속도로 몰 때는 사고가 나지 않도록 주의해야 하고 상황에 맞게 판단도 빨라야 한답니다. 의자에 오래 앉아 있으면 허리가 아프고 몸이 쑤시듯이 차에 오래 앉아 운전하면 피곤하고 힘들어요. 편하게 운전하는 가장 좋은 방법은 자동차가 알아서 운전해주는 거지요.

🚙 일정한 속도로 달리는 장치, 크루즈 컨트롤

스스로 달리는 자동차는 아니어도 운전하기 편하게 만든 기능이 있어요. 크루즈 컨트롤

Cruise Control은 속도를 맞춰놓으면 가속 페달을 밟지 않아도 자동차가 일정한 속도로 알아서 달리는 장치예요. 고속도로 같은 곳은 신호등이 없어서 차가 밀리지 않는 이상 계속 달리기만 해요. 가속 페달에 몇 시간 동안 발을 올리고 있으면 힘들어요. 크루즈 컨트롤이 있으면 발이 편해지지요. 미국처럼 땅이 넓은 나라는 수백~수천 km씩 이어지는 고속도로가 많아요. 크루즈 컨트롤이 아주 유용하게 쓰인답니다.

크루즈 컨트롤은 한 단계 더 발전했어요. 요즘에는 앞차와 거리까지 조절해줘요. 앞차와 가까워지면 자동으로 속도를 줄이므로 안전하게 차를 타고 다닐 수 있어요. 어떤 차는 앞차가 서면 같이 서고, 출발하면 같이 움직여요. 운전자는 브레이크 페달을 밟을 필요조차 없어요. 스티어링휠만 잘 붙들면 알아서 목적지까지 갈 수도 있지요. 내비게이션 정보를 이용하는 크루즈 컨트롤도 있어요. 지도 정보를 이용해 커브 길에서 미리 속도를 줄이거나 도로의 제한 속도에 맞춰서 달려요.

첨단 운전자 보조 장치

운전자를 보조해서 안전하고 편하게 달리도록 하는 기능이에요. ADAS(Advanced Driver Assistance System)라고도 불러요. 앞차와 거리와 속도를 유지하는 크루즈 컨트롤도 ADAS의 한 종류예요. 차선을 유지하거나, 앞에 장애물이 나타났을 때 충돌을 방지하거나, 후진할 때 뒤쪽에 지나가는 차와 부딪히지 않도록 경고하거나, 차로를 바꿀 때 사각지대에 다른 차가 있으면 경고하는 등 다양한 첨단 운전자 보조 장치가 안전하고 편안한 운전을 도와요.

주변을 감지하는 레이더의 활약

이런 기능은 레이더에 기반해서 작동해요. 관제탑이나 공군 본부에서 동그란 화면에 비행기가 날아가는 위치가 점처럼 깜박이며 찍힌 모습을 영화나 뉴스에서 봤을 거예요. 자동차도 레이더를 써서 앞차의 위치를 파악하고 거리를 계산해요.

요즘 자동차에는 다양한 첨단 운전자 보조 장치가 들어가요. 레이더만으로는 부족해서 라이다, 카메라, 적외선 등 여러 종류의 센서를 이용해요. 센서는 다양한 역할을 해내요. 차 안에서 운전자의 상태를 감지해서 쉬었다 운전하라는 경고를 내보내기도 한답니다.

자동차가 커다란 게임기로 변해요

가상 현실과 증강 현실은 조금 달라요. 증강 현실이 현실에 가상을 접목한다면, 가상 현실은 컴퓨터가 만든 상상의 세계예요. 가상 현실을 체험하려면 특수 제작한 안경을 써야 해요. 자동차는 가상 현실과 증강 현실 기술을 둘 다 잘 활용하여 발전하고 있어요.

증강 현실 내비게이션

아우디 Q4 e-트론

🐞 허공에 계기판 정보를 띄워 운전을 도와주는 증강 현실 헤드업 디스플레이

포켓몬 고 게임을 실행하면 스마트폰 카메라를 통해 현실 세계에서 포켓몬 캐릭터를 볼 수 있어요. 이처럼 현실에 가상 이미지를 덧붙여서 보여주는 것을 '증강 현실'이라고 해요. 게임이 아니어도 유용한 정보를 알려주는 식으로 응용할 수 있어요. 거리를 비추면 상점의 위치나 설명을 보여줘요.

헤드업 디스플레이는 일종의 가상 계기판이에요. 계기판 화면이 아니라 운전자의 시선이 머무는 허공에 계기판 정보를 띄워요. 운전자가 운전할 때 계기판에 시선을 뺏기지 않아서 안전 운전하는 데 도움이 돼요. 최근에는 헤드업 디스플레이에도 증강 현실을 도입하고 있어요. 단순히 몇 가지 정보만 띄우던 이전과 달리 정보를 지형지물에 맞게 커다랗게 보여줘요. 좌회전해야 하면 도로를 따라 커다란 화살표가 나타나고, 차로를 벗어나면 차선을 따라 붉은 줄이 반짝이며 경고해요. 일반 헤드업 디스플레이보다 더 쉽고 정확하게 정보를 확인할 수 있어요.

🚗 자동차 설명서 역할을 하는 증강 현실

스마트폰이나 태블릿으로 자동차를 보면 각 부분 설명이 떠요. 대리점에서는 전시한 차의 눈에 보이지 않는 부분을 증강 현실을 이용해 보여주기도 해요. 전시장에 없는 차는 증강 현실을 이용해 소개해요. 오프로드를 달릴 때는 차가 기울어져서 시야가 가릴 때가 종종 있어요. 이때도 시야에서 벗어난 부분의 지형을 증강 현실을 이용해 가상으로 만들어서 보여줘요. 정비할 때는 증강 현실로 교체할 부품의 종류와 위치를 파악하고 작업을 시작해요.

🚗 자동차 개발에 이용되는 가상 현실

가상 현실을 이용하면 자동차를 디자인할 때 실물 모형을 만들지 않아도 되고 마음껏 수정할 수 있어요. 충돌이나 주행 테스트도 실제 차를 이용하지 않고 가상으로 진행해요. 공장에서 신입 직원을 교육할 때도 가상 현실을 이용해요. 안전사고를 예방하고 숙달할 때까지 반복해서 정확하게 교육할 수 있어요. 정비 교육도 마찬가지예요. 자동차를 살 때는 가상 현실을 이용해 색상이나 옵션을 확인하고, 차 안에 들어가서 기능을 작동하거나 차를 움직여 볼 수 있어요.

🚗 자동차 안에서 가상 현실을 이용해 게임을 즐길 수도 있어요

아우디는 차 안에서 가상 현실을 이용해 게임이나 영화 등을 즐기는 기능을 선보였어요. 이 기능은 달리는 자동차의 움직임과 연동돼요. 가상 세계에서 우주선을 타고 가는 상황일 때, 자동차가 가속하거나 방향을 바꾸면 우주선도 똑같이 속도를 올리고 회전해요. 이 기능은 자율주행 자동차가 나오면 더 유용하게 쓰일 거예요. 자율주행 자동차 안에서는 직접 운전하지 않게 되므로 차 안에서 즐길 거리가 더 중요해져요. 가상 현실을 이용해 차 안에서 게임을 비롯한 다양한 활동을 할 수 있어요.

차 안에서 즐기는 가상 현실

폐그물로
자동차 부품을 만들어요

전 세계는 탄소 배출을 줄이는 데 힘을 쏟고 있어요. 탄소는 지구 온도를 높이는 효과를 내서 지구 환경에 이상을 일으켜요. 전체 산업 분야는 물론 가정에서도 탄소 배출을 줄이려는 노력이 이어지고 있어요. 자동차 회사들도 탄소 발자국을 줄이는 데 적극적으로 나서고 있어요.

BMW 전기차 iX

🚗 탄소 배출 제로에 도전하는 자동차 회사

자동차는 한때 환경 오염의 주범으로 꼽혔어요. 달릴 때 나오는 배기가스와 이산화탄소가 환경을 오염시켜요. 각 나라에서는 자동차 배기가스 규정을 엄격하게 적용해서 오염물질 배출을 줄이도록 유도해요. 하이브리드나 전기차 등 오염물질을 적게 배출하거나 나오지 않는 차가 늘어나는 현상도 환경 보호와 관련 있어요. 한때 연비 좋고 힘이 강한 차로 인기를 끌던 디젤 자동차는 오염물질을 줄이는 데 한계가 있어서 시장에서 점차 줄어드는 추세예요.

　탄소는 이산화탄소 형태로 배출돼요. 자동차 회사는 자동차에서 내뿜는 이산화탄소뿐만 아니라 공장에서 발생하는 이산화탄소도 줄이려고 해요. 탄소 배출 제로(0) 목표를 세워 공장을 개조하고 자동차 생산 과정을 바꿔 나가고 있어요.

🚗 자동차 회사에서 재활용하는 폐기물은 다양해요

자동차 회사의 또 다른 친환경 활동은 폐기물 재활용이에요. 쓰레기에서 뽑아낸 원료를 이용해 부품을 만들어요. 굳이 새로운 원료를 사용하지 않아도 되고 쓰레기를 재활용해서 환경 오염을 줄일 수 있어요. 이렇게 하면 새로운 원료를 생산하지 않아도 되어서 에너지를 아끼고 탄소 발생을 줄이는 효과도 얻어요. 재활용하는 폐기물은 다양해요. 바닷가에서 사용하다 남은 폐그물이나 밧줄, 페트병에서 뽑아낸 섬유, 와인병에 사용했던 코르크, 의류 업체에서 사용하고 남은 천 조각 등을 활용해요.

탄소 발자국

탄소 발자국은 탄소를 사용한 흔적, 탄소가 지구에 남기는 발자국이라고 할 수 있어요. 인간이나 동물이 멀리 걸어가면 발자국이 많이 생기듯이, 탄소를 많이 배출하면 탄소 발자국도 많이 남아요. 탄소 발자국이 적으면 그만큼 환경에 영향이 덜 끼쳐요. 어떤 제품을 사용하고 어떻게 활동하면 환경 오염을 줄이는지 탄소 발자국을 보면 알 수 있어요. 탄소 발자국은 상품을 만들거나 쓰고 버리는 등 인간이나 단체가 벌이는 온갖 활동에서 나오는 이산화탄소의 모든 양을 수치로 나타내요. 표시는 무게 단위인 kg으로 표시해요. 또는 심어야 하는 나무그루로 나타내서 오염된 환경을 회복하는 데 얼마만큼 노력해야 하는지 알려줘요. 이산화탄소 배출량이 100kg이면, 이를 흡수하는 데 나무가 20그루 필요하다는 식으로 나타내요.

🪨 천연 가죽 소재를 쓰지 않으면 환경 오염을 줄이는 데 도움이 돼요

자동차에는 고급스러운 분위기를 낼 목적으로 실내에 가죽을 많이 사용해요. 고급차는 천연 가죽을 장점으로 내세워요. 가죽 소재를 사용할 때는 이산화탄소가 발생해요. 80%는 가축 사육 과정, 나머지 20%는 많은 물과 에너지를 사용하는 소가죽 가공 과정에서 생겨나요. 친환경을 중요하게 여기기 시작하면서 가죽 소재에도 변화가 생겼어요. 천연 물질을 사용해 만든 직물이나 인체에 무해한 소재를 사용하는 비중이 높아졌어요. 동물 가죽 대신 인조 가죽을 사용하는 자동차도 늘었어요.

🚗 자동차와 관련한 모든 것에서 친환경을 이루려는 노력이 이어지고 있어요

친환경은 자동차 회사들이 반드시 추구해야 하는 의무 사항이 되었어요. 자동차 공장에 필요한 전기를 태양에너지나 풍력을 이용해 생산하고, 공장 난방에 지열을 끌어다 써요. 자동차를 실어 나를 때도 오염 물질이 덜한 전기나 천연가스 기관차를 이용해요. 부품을 실어 나를 때도 천연가스나 바이오 메탄 등 대체 연료를 사용하는 트럭을 동원해요.

폐그물 소재

2부 자동차의 기술

못다 한 이야기 2
걸어 다니는 사람의 안전까지 생각하는 자동차

운전자를 위한 안전벨트와 에어백

자동차는 빠른 속도로 달리는 물체예요. 어딘가에 부딪힌다면 안에 있는 사람은 크게 다친답니다. 자동차 개발자들은 안전을 위해 자동차에 설치할 여러 안전장치를 개발했어요. 가장 대표적인 것이 바로 안전벨트죠. 시트에 몸을 고정시켜 차가 부딪혔을 때 몸이 튀어나가지 않게 하는 장치예요. 에어백이라는 말도 들어봤을 거예요. 에어백은 말 그대로 공기로 만든 주머니예요. 차가 충돌했을 때 순간적으로 부풀어 올라서 쿠션 역할을 하기 때문에 안에 탄 사람이 덜 다쳐요.

보행자를 위한 보닛과 에어백

자동차 안에 탄 사람의 안전도 중요하지만 걸어 다니는 사람의 안전도 중요해요. 도로에는 자동차만 다니지 않아요. 고속도로나 자동차 전용도로가 아닌 곳은 사람과 자동차가 함께 다닌답니다. 자동차와 사람이 부딪히면 사람이 더 크게 다쳐요. 교통사고의 3분의 1은 걸어 다니는 사람이 차에 부딪혀서 일어나는 사고라고 해요.

    자동차를 만들 때에는 길에 걸어 다니는 사람의 안전까지도 고려해서 설계한답니다. 걸어 다니는 사람이 차에 부딪히면 자동차의 보닛으로 떨어지는 경우가 많아요. 이때 보닛이 솟아오르면 부딪힌 사람의 충격을 줄일 수 있어요.

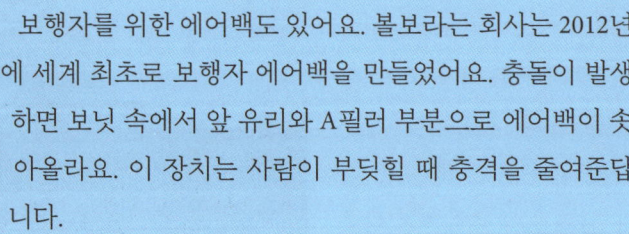

    보행자를 위한 에어백도 있어요. 볼보라는 회사는 2012년에 세계 최초로 보행자 에어백을 만들었어요. 충돌이 발생하면 보닛 속에서 앞 유리와 A필러 부분으로 에어백이 솟아올라요. 이 장치는 사람이 부딪힐 때 충격을 줄여준답니다.

보행자 안전을 위한 최첨단 기술

자동차를 디자인할 때도 보행자의 안전을 고려해요. 자동차는 공기 저항을 줄이기 위해 앞부분을 뾰족하게 만들곤 해요. 그런데 요즘 대부분의 차는 앞부분을 뭉툭하게 만들어요. 옆에서 보면 거의 수직으로 되어 있죠. 오래된 차들은 충격을 흡수하는 범퍼가 앞으로 툭 튀어나와 있지만 요즘 차들은 범퍼도 튀어 나오지 않게 설계 해요. 범퍼에 들어가는 소재도 충격을 흡수하는 물질을 넣어서 부딪친 사람이 가능한 한 다치지 않도록 하죠.

걸어다니는 사람을 적극적으로 피하도록 하는 기술도 나왔어요. 보행자를 감지하면 경고하거나 멈추는 거죠. 멀리 앞쪽에 사람이 지나가면 차 안에서 경보가 울려요. 보행자와 가까워지는데 운전자가 아무런 행동을 하지 않으면 자동차가 자동으로 방향을 틀어서 보행자를 피해요. 어떤 차는 아예 보행자를 발견하고 충돌 위험이 있으면 자동으로 서버려요.

로드킬을 줄이는 나이트비전

보행자와 부딪히지 않으려면 차 앞에 사람이 있는지 잘 확인해야 해요. 낮과 달리 밤에는 사람이 잘 안보이죠. 나이트비전은 적외선으로 바깥 상황을 볼 수 있는 장비예요. 밤에도 주변 환경이 낮처럼 환하게 보여서 보행자가 있는지 확인하기 쉽습니다.

고속도로나 인적인 드문 시골길에는 갑자기 노루나 고양이 같은 동물이 튀어나오기도 해요. 동물을 미처 발견하지 못해 그대로 치고 지나가 동물이 죽는 것을 로드킬이라고 해요. 나이트비전은 보행자뿐 아니라 도로 위를 다니는 동물까지 자세히 보여줘서 로드킬을 줄여요.

11월 11일은 보행자의 날

빼빼로 데이로만 알고 있는 11월 11일은 보행자의 날이기도 해요. 숫자 1이 나란히 서 있는 모습이 보행자와 같아서 정한 날이죠. 2017년부터 2019년까지 통계를 보면 연간 4만 6000여 명이 보행자 교통사고를 당했어요. 2020년과 2021년에는 3만 6000여 명대로 줄었지만 여전히 사고 건수는 많아요. 보행자 교통사고로 해마다 1000명 넘는 사람이 목숨을 잃어요. 교통안전공단이 어린이 보행자 교통사고가 일어났을 때를 시험해봤어요. 시속 30km에서 중상 가능성은 4.9%에 불과했지만, 시속 60km에서는 98.8%로 20배나 높게 나왔어요. 어린이들은 특히 더 조심해야 한답니다.

3부

자동차의 디자인과 구조

포르쉐 911 카레라

자동차의 기본 구조는 간단해요. 바퀴 네 개 위에 사람이 타는 공간이 달린 구조예요. 단순한 구조지만 형태는 매우 다양해요. 박스 세 개를 연결해놓은 듯한 세단, 세단에서 트렁크가 잘린 듯한 해치백, 해치백을 부풀린 듯 크기를 키운 SUV, SUV의 뒷부분은 짐칸으로 만든 픽업 등 용도에 맞게 다양한 형태가 있어요. 쿠페라는 차종은 문이 두 개밖에 없고, 컨버터블은 지붕이 열려요. 형태와 더불어 디자인도 다 달라요. 둥글둥글한 차가 있는가 하면, 어떤 차는 각진 상자처럼 생겼어요. 브랜드마다 특색 있는 디자인을 적용해서 고유한 개성을 살려요. 어떤 브랜드는 디자인을 통일해서 큰 차나 작은 차나 다 비슷하게 생겼어요. 기본 구조만 비슷할 뿐 자동차의 형태와 디자인은 천차만별이랍니다.

람보르기니 쿤타치

지붕이 열리는 컨버터블 자동차

자동차를 바퀴 달린 상자라고 부르기도 해요. 네모난 몸체 옆에는 유리창이 달려서 열 수 있지만 지붕은 막힌 구조예요. 지붕이 없다면 사방이 뻥 뚫리고 하늘도 보여서 아주 시원할 거예요. 자동차 지붕을 여닫을 수 있는 차는 오래전에 개발되었답니다.

벤틀리 컨티넨탈 GT 컨버터블

포르쉐 911 카브리올레

BMW 8시리즈 컨버터블

'거미'라는 이름의 자동차

지붕이 열리는 자동차는 옛날 마차에서 시작됐다고 할 수 있어요. 초기의 마차는 지붕이 없었어요. 자동차도 초기에는 지붕이 아예 없는 구조였어요. 1930년대 경주용 자동차들은 지붕과 유리창이 없었지요. 비나 눈이 오면 그대로 맞아야 했죠. 겨울에는 춥고 여름에는 햇볕이 따가워서 차를 타고 다니기 힘들었어요. 그래서 자동차 회사들은 지붕을 열고 닫을 수 있는 차를 만들었어요. 이런 차를 오픈카 또는 컨버터블 자동차라고 불러요.

컨버터블 자동차는 구조 차이, 지역, 만드는 회사별로 이름이 조금씩 달라요. 카브리오, 카브리올레, 로드스터, 스파이더 등으로 불리지요. 거미를 뜻하는 스파이더spider는 차가 납작해서 움직이는 모습이 바닥을 기어가는 거미와 비슷하다는 데서 유래했어요. 차 지붕을 덮은 검은색 천 지붕이 마치 거미가 앉아 있는 모습 같아서 붙였다는 이야기도 전해져요.

🪨 지붕 없는 차를 만들기는 더 어려워요

컨버터블 자동차를 만들기는 쉽지 않아요. 지붕을 잘라내기만 하면 될 거 같다고요? 차 지붕을 잘라내면 차를 지탱하는 구조가 없어지는 셈이어서 다른 부분도 다 약해지죠. 박스의 윗부분을 잘라내면 다른 부분도 흐물흐물해지는 상태와 비슷해요.

컨버터블 자동차는 보기에 아주 멋지지만, 여러 단점이 있어요. 일단 사고에 취약해요. 특히 차가 뒤집히는 전복 사고가 났을 때 소프트톱 자동차는 위험하죠. 지붕을 여닫는 장치를 더한 데다가 차가 약해지지 않도록 이런저런 장치를 보강해서 무게도 무거워요. 지붕이 있는 차보다 무겁고, 무거워지다 보니 움직임도 약간 둔한 편이지요. 지붕을 손으로 떼어야 하는 차도 있는데 요즘에는 대부분 버튼을 누르면 자동으로 열리고 닫혀요. 어떤 차들은 속도가 아주 빠르지만 않으면 달리는 중에도 여닫을 수 있지요.

> **지붕이 열리는 데 걸리는 시간**
>
> 컨버터블의 지붕은 여닫히는 데 시간이 걸려요. 보통 10초대이고 빠른 것은 10초 이내로 열려요. 몇 단계를 거치는 하드톱보다는 구조간 간단한 소프트톱이 시간이 적게 걸려요. 맑은 날에는 여닫히는 시간이 크게 상관없지만, 달리는 중에 갑자기 비가 내리면 빨리 닫혀야 비를 덜 맞아요.

🪨 지붕을 부르는 이름

예전에 컨버터블 자동차의 지붕은 소프트톱이라고 불렸어요. 천으로 된 재질을 반영한 이름이죠. 지붕을 접으려면 천을 사용할 수밖에 없었어요. 컨버터블 자동차로 개조할 때 늘어나는 무게를 줄이는데도 천 같은 소재가 알맞았어요. 요즘에는 기술이 발달해서 지붕을 철판으로 만들기도 해요. 소프트톱의 반대말로 하드톱이라고 부르죠. 소프트톱 차는 지붕이 천이어서 컨버터블 자동차인지 바로 알 수 있어요. 하드톱은 지붕을 덮고 있으면 일반 차와 비슷하게 생겨서 컨버터블인지 알아보기가 힘들어요.

> **컨버터블 자동차가 많이 팔리는 곳**
>
> 컨버터블은 낭만적인 차로 통해요. 지붕을 연 채 바람을 쐬고 탁 트인 시야에 들어오는 풍경을 보며 달리면 기분이 좋아지거든요. 날씨가 아주 좋은 지역에서 컨버터블 자동차가 많이 팔려요. 사계절 온화하고 맑은 날씨를 보이는 미국 캘리포니아 지역은 컨버터블 자동차가 많이 팔리는 곳이에요.
>
> 날씨가 나쁜 곳에서도 컨버터블이 많이 팔린답니다. 흐린 날이 계속되는 지역에서는 햇빛을 쐬기 위해 해가 날 때마다 일광욕을 하러 잔디밭이나 공터에 사람들이 몰려나온다는 얘기를 들어봤을 거예요. 차를 탈 때에 해가 나는 순간 지붕을 열면 일광욕을 하는 효과를 얻을 수 있어요. 그래서 햇빛이 귀한 나라에서도 컨버터블이 많이 팔린답니다.

자동차 바퀴는 반드시 4개여야 할까요?

자동차 바퀴는 대부분 4개예요. 그래야 안정적으로 넘어지지 않고 움직일 수 있죠. 4개는 정해진 숫자가 아니에요. 3개인 자동차 또는 10개가 넘는 자동차도 나오죠. 심지어 바퀴가 없는 자동차도 있답니다.

🚗 바퀴 달린 상자

자동차는 간단히 설명하면 바퀴 위에 상자가 올려 있는 물체예요. 바퀴가 없으면 자동차는 굴러갈 수 없죠. 자동차 바퀴는 대부분 4개예요. 자전거나 오토바이는 막대형 구조이기 때문에 중심만 잘 잡으면 바퀴 2개로도 충분해요. 그렇지만 자동차는 바닥이 넓은 상자형 구조여서 각각의 모서리를 바퀴가 받치고 있지 않으면 굴러가기 힘들어요. 일반적인 자동차는 모두 바퀴가 4개랍니다.

🚙 바퀴가 3개인 자동차?

예전에는 바퀴가 3개인 자동차를 자주 볼 수 있었어요. 우리나라에도 바퀴 3개인 차가 많았답니다. 바퀴가 3개인 차는 한자를 써서 '삼륜차三輪車'라고 불러요. 1960~1970년대에 기아자동차에서 삼륜차를 만들었어요. 주로 트럭으로 많이 쓰였답니다. 발이 3개라는 의미로 '삼발이'라는 별명을 얻었어요.

삼륜차는 장점이 많았어요. 가격도 싸고 차체가 작아 좁은 골목길도 잘 다녔어요. 그런데 앞바퀴가 하나다 보니 방향을 틀 때 균형 잡기가 쉽지 않았어요. 무게도 가벼워서 방향을 틀다가 옆으로 쓰러지는 경우도 많았답니다. 그래서 고속도로 통행이 금지되기도 했어요. 이후에 네 바퀴 자동차가 많이 나오면서 삼륜차는 자연스럽게 사라졌답니다.

지금도 자동차 산업과 교통이 발달하지 않은 동남아시아에서는 삼륜차가 많이 다녀요. 영국 자동차 회사 모건처럼 승용 삼륜차를 전문적으로 만드는 곳도 있어요.

🚗 바퀴가 10개나 되는 자동차

대형 트럭은 바퀴가 4개보다 많아요. 6~10개는 기본이랍니다. 트럭이 바퀴가 많은 이유는 차가 길어서 그래요. 차가 길면 4개의 바퀴만으로는 지탱하기가 힘들어요. 무게도 영향을 미치는데, 짐을 많이 실으면 차 무게가 30~40톤이 나가기도 해요. 무게를 버티려면 바퀴가 여러 개 필요하죠. 무거운 짐을 싣는 차일수록 바퀴가 많답니다.

트럭이 아닌 승용차도 바퀴가 많이 달린 차가 있어요. 차를 개조해서 길게 늘인 리무진은 차체가 길어서 바퀴를 추가로 달아요. 산악 지역이나 험한 곳을 잘 달리도록 SUV에 바퀴를 6개 달기도 해요.

바퀴가 없는 자동차도 있어요

자동차 중에는 바퀴가 없는 차도 있어요. 대신 무한궤도를 사용한답니다. 탱크나 굴삭기 같은 중장비는 아주 험한 지형에서도 다닐 수 있어야 해요. 고무가 달린 타이어로는 지날 수 없는 곳이 많죠. 그래서 수십 개의 철판을 연결한 궤도를 이용해서 달려요. 눈길에서 달릴 용도로 승용차에 궤도를 끼우기도 한답니다. 무한궤도차도 바퀴는 필요해요. 궤도를 움직이려면 바퀴에 궤도를 걸어야 하죠. 타이어 끼우듯이 궤도를 끼운 것이어서 자동차 바퀴와 구조는 비슷하다고 볼 수 있어요. 무한궤도차는 험한 길도 척척 다니지만 빠르게 달리기는 힘들어요.

차 문이 위로 열리는 자동차

자동차에는 문이 달려 있어요. 상자처럼 꽉 막힌 구조여야 안전하고 아늑한 공간이 생겨요. 문을 갖춰야 바람이 들어오지 않고, 차 안의 온도를 유지할 수도 있고, 차에서 떨어지지도 않죠. 안전과 기능의 필수품 문에 대해 알아봐요.

메르세데스-벤츠 300 SL

람보르기니 쿤타치

🚗 다양한 형태의 문

보통 자동차 문은 잡아당겨서 여는 방식이고 뒤쪽에서 앞쪽을 향해 열려요. 그렇지 않은 문도 있어요. 승합차의 가운데 문은 좌우로 스르르 미끄러지듯이 열려요. 미끄러진다는 뜻의 영어 단어 sliding을 써서 '슬라이딩 도어'라고 불러요. 좁은 공간에서도 사람들이 타고 내리기 편하죠.

코치 도어Coach Doors는 옛날 마차처럼 문이 좌우로 열려요. 양문형 냉장고와 비슷하죠. 뒤쪽 문이 보통 차와는 달리 앞쪽에서 뒤로 열린답니다. 뒷문이 타는 방향으로 열려서 내리고 탈 때 편해요. 코치 도어를 주로 쓰는 회사는 롤스로이스예요. 세계에서 가장 좋은 차를 만든다는 회사죠. 운전기사를 두고 주인은 뒷좌석에 주로 타는 차여서, 뒷좌석 승객이 편하게 타고 내리도록 만들었어요.

스포츠카는 문이 특이하게 열리는 차가 많아요. 주로 위로 열리는 방식이죠. 스포츠카의 문은 2개여서 길이가 길다 보니 도로에서 문을 여닫고 내리기가 불편해요. 특히 주차할 때 힘들죠. 아예 타고 내리기 편하라고 문을 위로 열리게 했어요. 옆으로 열기 힘든 구조여서 어쩔 수 없이 위로 열리게 만든 차도 있어요. 어떤 차는 멋있게 보이려고 위로 열리는 구조를 채택해요.

걸윙 도어는 위험해

걸윙 도어와 시저 도어, 버터플라이 도어는 문이 위쪽으로 열리는 방식이에요. 차에서 타고 내릴 때 옆 공간을 많이 차지하지 않아요. 생김새는 멋지지만 단점도 있어요. 사고로 차체가 전복되었을 때는 문을 열 수 없어요. 요즘에는 전복되면 자동으로 문이 분리되는 안전장치를 갖추고 나와요.

위로 열리는 문에도 종류가 있어요

위로 열리는 문도 여러 종류가 있어요. 방식에 따라 재미있는 이름이 붙는답니다. 가장 잘 알려진 게 걸윙 도어예요. 문이 열린 모습이 갈매기gull의 날개wing를 닮았다고 해서 붙인 이름이죠. 1950년대 벤츠에서 300 SL이라는 차를 만들었는데 이 차는 턱이 높아서 옆으로 여는 문을 달 수 없었어요. 기술자들이 고민한 끝에 문을 위로 달자는 아이디어를 냈고 실제로 만들었어요. 지금도 이 차는 걸윙 도어의 대표 모델로 꼽힌답니다.

시저 도어는 가위scissors처럼 열린다고 해서 붙인 이름이에요. 문이 뒤쪽에서 앞으로 열리는데 방향이 위를 향해요. 버터플라이 도어는 나비butterfly의 날개 모양 같은 도어예요. 걸윙과 시저 도어를 합친 것처럼 열린답니다. 열고 난 후의 모양이 나비가 날개를 펴고 있는 모습과 매우 비슷해요. 이 밖에도 자동차의 문이 열리는 방식은 여러 가지가 있어요. 해치 도어는 잠수함의 뚜껑인 해치처럼 열린다고 해서 붙인 이름이에요. 주로 SUV의 트렁크 도어가 이런 식으로 열려요.

맥라렌 아투라

문이 2개인 차는
쿠페라고 불러요

문이 2개인 차를 쿠페라고 불러요. 차의 높이가 낮고 지붕이 뒤로 갈수록 급하게 낮아지는 모양이에요. 뒷문이 없어서 차를 더 매끈한 모양으로 디자인할 수 있죠. 주로 스포츠카가 쿠페 형태로 나와요. 쿠페는 마부석이 바깥에 달린 네 바퀴 마차에서 유래했어요.

벤틀리 컨티넨탈 GT

아우디 A5

메르세데스-벤츠 GLE 쿠페

🚗 문이 2개여서 뒷좌석에 타기 불편해요

쿠페 뒷좌석에 탈 때는 앞좌석을 앞으로 눕힌 후 그 틈 사이로 들어가야 해요. 세단과 달리 뒷좌석이 좁고 천장도 낮아요. 아주 큰 차가 아니고서는 대부분 덩치 큰 어른이 타기에는 불편해요. 어떤 쿠페는 아예 뒷좌석이 없거나 사람이 타기 힘든 아주 작은 시트만 형식적으로 달아놓기도 해요. 쿠페는 주로 앞좌석에 혼자서 또는 둘이서 타기에 적당하답니다.

문이 4개인 쿠페

문 2개는 쿠페의 가장 큰 특징인데 요즘에는 쿠페도 변형된 모델이 나와요. 문이 4개인데도 쿠페라고 부르는 차가 있어요. 지붕에서 뒤로 이어지는 선은 경사지게 내려가지만 뒷좌석에 사람이 타기 편하게 문을 만들어놓았어요. 포르쉐 파나메라나 벤츠 CLS 같은 차가 대표적인 문 4개짜리 쿠페예요.

🚗 뒷모양에 따라 두 종류로 나눠요

쿠페는 크게 두 종류로 나뉘어요. 지붕 선이 차 뒤쪽 끝까지 경사져 내려가는 모양과 세단처럼 트렁크 공간이 일부 튀어나온 형태예요. 뒤 끝까지 경사진 쿠페는 처음부터 쿠페로 만든 차예요. 트렁크가 튀어 나온 쿠페는 세단을 만들고 나서 문을 2개로 줄인 차여서 모양이 세단과 비슷해요.

쿠페는 뒷좌석이 좁을 수밖에 없는 구조지만 차가 크면 뒷좌석도 같이 커져서 대형 급은 뒷좌석도 여유 있어요. 롤스로이스 레이스나 벤틀리 컨티넨탈은 앞뒤 모두 자리가 넉넉한 대형 쿠페예요.

🚗 날렵하고 매끈한 쿠페 라인

쿠페는 문이 2개라서 디자인하기가 자유로워요. 뒷문 2개는 생각하지 않아도 되어서 차를 더 날렵하고 매끈하게 디자인할 수 있죠. 지붕 뒤에서 트렁크로 이어지는 쿠페 자동차의 선을 쿠페 라인이라고 해요. 차를 멋있어 보이게 하는 요소여서 다른 차종도 쿠페 라인을 많이 응용해요. 특히 박스형인 SUV에도 쿠페 라인을 적용한 쿠페형 SUV가 많이 나왔어요.

🚗 쿠페가 세단보다 인기가 없는 이유

쿠페는 혼자 또는 둘이 타기에 적당한 구조여서 특별한 차로 취급 받아요. 가족차로 이용하기에는 알맞지 않죠. 혼자서 타더라도 뒤에 누군가를 태울 일이 생길 때는 세단처럼 문이 4개여야 편해요. 요즘에는 차 한 대를 여러 가지 용도로 이용할 수 있는 SUV가 인기를 끌어요. 여럿이 타기 불편하고 공간 활용도가 떨어지는 쿠페는 원래부터 많이 팔리는 차가 아니었는데 지금은 찾는 사람이 더 줄었어요.

다목적으로 쓰이는 차들
SUV, RV, MPV, CUV

차에는 여러 짐을 실어요. 캠핑 같은 야외 레저 활동이 늘어나면서 차에 짐 공간이 더 필요해졌어요. 결국 험한 길도 잘 달리고 짐도 더 많이 실을 수 있는 SUV 같은 차가 나왔어요.

크로스오버

미니밴

🚙 SUV의 시초는 군대용 자동차예요

자동차는 엔진, 사람, 짐 공간을 3개로 분리한 세단이 가장 기본적인 형태예요. 세단은 사람이 타는 공간은 쾌적하지만, 길이가 길고 큰 짐을 싣기 힘든 단점이 있어요. 높이도 낮아서 도로를 벗어나 험한 길을 달리기에 적합하지 않아요.

    SUV는 스포츠 유틸리티 비히클Sports Utility Vehicle의 앞 글자를 딴 이름이에요. 야외 활동에 적합한 차를 가리키죠. 원래 험한 길을 달릴 목적으로 만든 차예요. SUV는 차체가 높고 뼈대가 튼튼해서 울퉁불퉁한 길도 잘 달려요. 바퀴 4개를 다 굴려서 모래나 진흙 길에 빠지더라도 어렵지 않게 벗어날 수 있어요.

    SUV는 원래 군대에서 타려고 만든 차예요. 군대에서 전장을 누비려면 차가 튼튼해야 하고 험한 길도 거뜬히 다닐 수 있어야 하죠. 군용차를 일반인도 타게 만든 차가 SUV예요. 박스형 차체에 키가 커서 실내 공간이 넓고, 특히 짐 공간이 커서 많은 짐을 실을 수 있어요.

SUV는 야외의 험한 길에 다닐 용도로 만든 차였지만 1990년대부터는 일반 도로에서도 SUV를 타는 사람이 서서히 늘기 시작했어요. 지금은 세단만큼 잘 팔릴 정도로 일반적인 차가 됐답니다.

> **SUV와 스포츠카의 경계를 허물어요**
>
> SUV와 스포츠카의 경계를 허문 차도 있어요. 포르쉐 911 다카르는 스포츠카를 SUV처럼 개조한 차예요. 험한 오프로드 랠리에 나갈 수 있도록 바닥 높이를 올리고 여러 가지 기능을 추가했어요.

다양한 목적을 위해 태어난 RV, MPV, CUV

RV는 리크리에이셔널 비히클Recreational Vehicle의 머리글자예요. 레저 활동에 어울리는 차를 말해요. 주로 미니밴을 가리켜요. 미니밴은 길고 높은 차체로 5명 이상 여러 명이 탈 수 있는 차예요. 가족들끼리 놀러 다니기에 아주 좋은 차랍니다. 미니밴과 비슷한 차로 MPV가 있어요. 미니밴과 형태는 비슷한데 조금 작은 차예요. 용도는 거의 비슷하답니다. MPV는 멀티 퍼포즈 비히클Multi Purpose Vehicle의 약자랍니다. 다목적 자동차라는 뜻이에요.

CUV는 크로스오버 유틸리티 비히클Crossover Utility Vehicle을 말해요. SUV는 원래 험한 길을 달리는 데 어울리는 차인데 요즘은 도로를 달리는 일이 더 많죠. SUV는 키가 커서 움직임이 둔하거나 불안정한 특성이 있어요. 승차감도 세단에 비해 떨어져요. CUV는 SUV보다 키를 조금 낮춰서 탔을 때 세단 느낌이 나게 만든 차예요. 도심에서 주로 타서 세단 같은 차가 필요한데 모양은 SUV처럼 생긴 차를 원하는 사람을 위해 나왔어요.

SUV

세단과 왜건은 뭐가 다른가요?

자동차의 모양은 사람을 몇 명 태울지, 짐은 얼마만큼 실을지에 따라 다르게 만들어요. 자동차는 형태에 따라 부르는 이름이 달라요. 우리가 자주 보는 승용차는 대부분 세단이에요. 이와 달리 실내와 트렁크가 연결된 차를 왜건이라고 불러요.

아우디 A4 아반트

재규어 XJ

🌀 실내에 타는 사람이 중심인 세단

세단은 사람이 타는 공간을 쾌적하게 하는 데 초점을 맞춘 차예요. 앞부분에는 엔진룸, 가운데는 사람이 타는 공간, 뒤에는 짐을 싣는 트렁크가 있죠. 이 3부분이 3개의 박스로 연결된 것처럼 보인다고 해서 세단을 3박스카라고 부른답니다.

세단이라는 말은 중세시대에 프랑스의 스당Sedan 지역에서 귀족들이 타던 가마에서 시작됐다고 해요. 나라마다 세단·살롱·살룬·베를린·리무진 등으로 다르게 불러요.

세단은 짐 싣는 트렁크와 사람 타는 곳이 벽으로 막혀 있어요. 트렁크가 완전히 분리되어서 실내에서 짐이 보이지 않아요. 짐이 흔들리면서 발생하는 소리나 진동도 실내로 덜 전달되죠. 음식물 등 냄새나는 물건을 트렁크에 실었을 때도 냄새가 실내로 들어오지 않아요.

트렁크와 실내 공간을 분리한 구조가 단점으로 작용하기도 해요. 크고 긴 물건은 싣기가 힘들지요. 일부 세단에는 뒷좌석 시트를 접어서 트렁크 공간과 연결해 짐 공간을 확장하는 기능이 있어요. 스키 같은 가늘고 긴 물건을 실을 수 있도록 뒷좌석 등받이 가운데에 작은 문을 만들어 놓기도 해요.

🚗 포장마차에서 기원한 왜건

왜건wagon은 미국 서부 개척시대에 말이 끌던 포장마차를 일컫는 말이에요. 그 이름에서부터 짐을 싣는 것이 우선인 차라고 짐작할 수 있어요. 왜건

> **SUV 〉 왜건 〉 세단**
>
> 왜건은 세단과 SUV의 중간 형태예요. SUV는 왜건과 비슷하지만 키가 크죠. SUV는 키가 커서 움직임이 둔하거나 기우뚱거리기 쉬워요. 왜건은 세단처럼 납작해서 안정적으로 움직여요. 짐을 많이 실으면서 승차감이나 움직임이 세단 같은 차를 찾는 사람들이 왜건을 선택한답니다.

은 세단과 다르게 짐을 싣는 공간과 사람이 타는 공간이 연결돼 있어요. 뒷좌석을 접으면 공간이 아주 넓어져요. 왜건은 세단의 뒷부분을 네모나게 만들어서 차의 일부로 만들었지요. 트렁크의 윗부분까지 짐을 더 실을 수 있게 되었어요.

　실용적인 차를 좋아하는 유럽에서는 왜건이 아주 인기가 많아요. 왜건으로 만든 스포츠카가 있을 정도로 왜건을 좋아해요. 미국에서도 왜건이 큰 인기를 끌었는데 미니밴이 나오면서 요즘에는 인기가 시들해졌어요. 우리나라에서는 왜건이 인기가 없어요. 짐차라고 생각해서 사람들이 좋아하지 않아요. 세단과 마찬가지로 왜건도 아반트·투어링·슈팅브레이크·에스테이트 등 여러 가지 명칭으로 불러요.

🚙 짐 공간이 실내에 있는 SUV

트렁크가 튀어나오지 않은 해치백hatch back이나 여가생활을 목적으로 만들어진 SUV도 짐 공간이 사람이 타는 공간과 연결돼 있어요. 짐이 많으면 불편한 요소들이 실내로 전달되어서 쾌적한 분위기를 만드는 데 한계가 있지요.

왜건 트렁크

둥글둥글한 자동차와 각진 자동차

자동차 디자인의 종류는 수천 가지지만 크게는 각지거나 둥그런 디자인, 두 가지로 나눌 수 있어요. 디자이너가 창의력을 발휘해 제시한 아이디어 그대로 차를 만들 수는 없어요. 만드는 방법이나 안전 등을 고려하다 보면 처음 구상과 실제 디자인이 많이 달라져요.

둥근 TT

둥근 비틀

🚗 유선형의 발견

자동차가 처음 발명되었을 때는 모양이 마차와 같았어요. 자동차의 고유한 디자인은 없었고, 마차에 엔진이 달린 운송 수단일 뿐이었죠. 1930년대에 들어서 자동차 모양에 '유선형'이 도입되었어요. 유선형은 둥글고 길쭉한 모양을 말해요. 물방울이나 돌고래의 모습을 떠올리면 돼요. 엔진의 성능이 좋아지고 공기역학이 발달하면서 공기 저항을 덜 받는 유선형이 자동차 디자인의 핵심 요소로 자리 잡았어요.

최초의 유선형 디자인 자동차는 미국에서 생산된 크라이슬러 에어플로우예요. 1934년에 나와서 1937년에 생산이 중단되었죠. 이후 자동차 디자인에 커다란 영향을 미쳤답니다.

🍩 세단의 디자인은 유선형이에요

세단 같은 승용차는 모서리를 매끈하게 디자인해요. 공기 저항이 줄어 속도를 내기 쉽고 나아갈 때 저항을 덜 받아서 기름도 덜 먹지요. 예쁘게 보이려고 둥글게 만든 차도 있어요.

폭스바겐 비틀이라는 차는 전체가 둥글둥글하게 생겼어요. 아우디 TT 1세대 모델도 비틀과 형태가 비슷해요. 빠른 속도를 내야 하는 스포츠카는 공기 저항이 가장 작은 모양인 유선형으로 디자인해요. 그렇지 않은 차도 있어요. 람보르기니에서 나오는 차는 각이 져 있어요. 그렇지만 람보르기니도 자세히 보면 전체 형태는 유선형이랍니다.

각지고 둥글고의 차이는 표면에서도 생겨요. 선을 날카롭게 세워서 각을 살리는가 하면, 모서리를 부드럽게 다듬어서 매끈하게 만들기도 해요. 이런 차이는 유행이나 자동차 회사의 디자인 목적에 따라 달라져요.

> **안전에 따라 디자인도 달라져요**
>
> 안전 문제도 디자인에 영향을 준답니다. 요즘은 보기 힘들지만 예전에는 앞을 뾰족하게 만든 차가 많았어요. 쐐기처럼 생겼다고 해서 쐐기형 디자인이라고 하죠. 공기 저항을 줄이는 대표적인 디자인이었어요. 지금은 걸어 다니는 사람과 부딪혔을 때 사람이 다치지 않도록 앞쪽을 뭉툭하게 디자인한답니다.

🚙 각진 디자인은 SUV에 많아요

키가 큰 SUV는 공간을 넓게 쓸 목적으로 만든 차예요. 공간 효율성을 높이려고 디자인을 박스 형태로 각지게 한 차가 많아요. 벤츠 G-클래스나 랜드로버 디펜더를 보면 박스를 연결한 것처럼 네모나게 생겼답니다.

SUV가 아닌 차 중에는 기아 레이나 쏘울이 박스처럼 생겼어요. 네모난 차는 공간을 넓게 쓸 수 있지만 공기 저항을 많이 받아요. 모서리에 각이 져 있어서 공기가 부드럽게 타고 넘지 못하고 차체에 많이 부딪혀요. 시끄러운 소리가 나기 쉽고 공기 저항이 커서 기름도 더 많이 먹어요.

각진 아벤타도르

각진 SUV

자동차 회사별로 앞모습이 비슷하게 생겼어요

회사 또는 회사에서 나오는 특정한 제품의 집단을 가리키는 표시를 브랜드라고도 해요. 브랜드는 쉽게 말해 한 가족이라고 보면 돼요. 가족들은 생김새가 비슷해요. 유전적으로 아이들은 아빠, 엄마와 모습이 닮게 돼 있지요. 자동차도 마찬가지여서 한 브랜드의 자동차는 분위기가 비슷해요.

포르쉐 911 카레라

🚗 자동차는 회사마다 특유의 디자인이 있어요

자동차는 모두 어떤 브랜드에 속해 있죠. 현대·BMW·벤츠·토요타 등이 모두 브랜드예요. 각 브랜드는 여러 차종을 생산해요. 현대자동차의 고급 브랜드인 제네시스 안에는 G70·G80·G90·GV60·GV70·GV80 등 여러 종류의 차가 있어요. 자동차 회사는 브랜드의 특성을 잘 보여줄 수 있도록 모습을 비슷하게 만들어요.

🚗 BMW의 그릴은 신장, 제네시스는 방패 모양이에요

모든 BMW 자동차의 앞면에는 콧구멍처럼 생긴 커다란 구멍이 2개 뚫려 있어요. 마치 사람의 콩팥처럼 생겼다고 해서 '키드니' 그릴이라고 불러요. 키드니kidney는 콩팥을 뜻하는 영어 단어이고, 그릴은 차 앞부분에 공기가 통하도록 뚫어놓은 구멍이에요. 기아의 그릴은 양옆으로 길고, 가운데 아래위가 살짝 파였어요. 호랑이 코의 모양을 형상화했어요. 아우디는 아래위로 연결된 그릴을 써요. 제네시스의 그릴은 방패처럼 생겼어요. 그릴이나 헤드램프 모양을 통일해 회사별로 자동차 앞모습을 비슷하게 만들기도 해요.

BMW

다른 특색으로 모양을 비슷하게 할 수도 있어요. 스포츠카로 유명한 포르쉐의 911이라는 차는 형태를 수십 년째 그대로 이어오고 있어요. 특히 911의 동그란 헤드램프는 살짝 서 있는 모습인데 '개구리 눈'이라는 별명이 붙었어요.

렉서스

🚗 디자인으로 개성과 자부심을 나타내요

자동차 디자인을 통일하면 사람들에게 확실하게 어떤 브랜드의 차인지 알릴 수 있어요. 오랜 시간 동안 비슷한 모습을 유지하면 전통 있는 브랜드로 인정받아요. 하지만 오랫동안 비슷한 모습을 유지하면 지루한 인상을 풍기거나, 낡은 브랜드라는 인식을 줄 수도 있어요. 어떤 브랜드는 수십 년 이어온 모양을 확 바꿔버리기도 해요.

제네시스

재규어라는 브랜드는 수십 년 전통을 자랑하는 고급 브랜드예요. 재규어를 대표하는 XJ라는 모델은 1968년 처음 나온 이후 납작하고 낮은 차체에 양쪽에 각각 2개의 헤드램프를 달고 헤드램프 굴곡을 따라 보닛에 주름이 잡힌 특색 있는 디자인을 유지했어요. 재규어의 다른 차도 XJ와 분위기가 비슷했어요. 재규어 브랜드의 디자인은 2000년대 중후반 고전적인 모습에서 현대적인 디자인으로 완전히 달라졌어요.

자동차의 그릴

자동차의 그릴은 자동차 앞면에 설치되어 있는 구멍이에요. 자동차가 달릴 때 이 구멍으로 공기가 들어가 냉각수와 엔진의 열을 낮춰주죠. 주행 중에 돌이나 음료수 캔 등 이물질이 자동차의 라디에이터와 충돌할 위험으로부터 보호해주기도 해요. 자동차에 꼭 필요한 부분이어서 없애지는 못하고, 멋진 디자인으로 개성을 살려준답니다. 최근에 늘어나기 시작한 전기 자동차에는 엔진이 없어서 커다란 그릴이 필요하지 않아요. 그릴을 없애거나 작게 만들어요. 그릴을 달고 나오는 전기 자동차도 있지만 공기 저항을 줄이려고 막아둔답니다.

폭스바겐 골프 1~8세대

자동차는 왜, 언제 모양을 바꾸죠?

같은 이름을 쓰는 모델인데도 모양이 완전히 다른 차가 있어요. 자동차는 처음 나온 뒤 몇 년이 지나면 성능과 디자인을 바꿔 새롭게 다시 태어나요. 이런 것을 모델 체인지라고 한답니다.

클래식 미니와 1~3세대 미니

이름은 같지만 완전히 새 차예요

자동차는 일정한 시간이 지나면 모양을 바꿔요. 예를 들어 같은 쏘나타라고 해도 처음 나왔을 때와 지금 나오는 차의 모양새가 완전히 다르죠. 완전히 새로운 형태의 자동차가 됐다고 해서 '풀 모델 체인지Full Model Change' 또는 '완전 변경'이라고 불러요.

자동차는 계속해서 발전해요. 새로운 기술을 집어넣어야 하고 성능도 개선해야 해요. 대대적으로 차를 바꿀 때 모양까지 바꿔서 새 차로 변하는 거죠. 전자제품이나 스마트폰 새 제품이 나오는 것과 같아요.

> **점점 더 좋은 차로 만들어요**
>
> 마이너 체인지, 페이스 리프트, 연식 변경은 주로 자동차의 미비한 점을 보완할 때 이뤄져요. 새로 만들었더라도 완벽할 수 없어요. 차를 타고 다니다 보면 생각하지 못한 문제점이 발생하곤 하죠. 이런 불만이나 미비점을 개선해서 차를 좀 더 좋게 만드는 것이랍니다.

자동차를 완전히 바꾸는 이유는 여러 가지예요

세상에 자동차 회사가 하나라면 굳이 몇 년마다 새 차를 내놓지 않아도 돼요. 굳이 경쟁할 필요가 없는 거죠. 이 세상에는 많은 자동차 회사가 있어서 다양한 차를 내놓아요. 차를 사려는 사람은 원하는 차를 고를 수 있어요. 오래된 차보다는 새 차를 사겠죠? 그래서 자동차 회사들은 다른 회사 차보다 더 좋아 보이게 하려고 몇 년마다 차를 새롭게 바꾼답니다.

자동차 시장에는 '자동차 회사는 신차로 먹고산다'라는 말이 있어요. 새로운 차를 내놓아서 반짝 인기를 끌 때 많이 팔고 또 신차를 내놓아서 판매를 확대하는 과정을 반복하는 거예요.

모델 체인지는 보통 6, 7년에 한 번씩 이뤄져요

모델 체인지가 빠른 차는 3, 4년 만에 바꾸기도 해요. 어떤 차는 10년 지나서 모델 체인지를 해요. 가격이 저렴해서 보통 사람이 많이 타는 대중적인 자동차는 변경 주기가 빨라요. 차가 많이 팔려서 금방 싫증을 느낄 수밖에 없어서죠. 어서 새 차를 내놓아서 사람들의 관심을 끌어야 해요. 비싼 스포츠카나 고급차는 판매 대수가 많지 않아서 비슷한 모양으로 오래가도 새롭게 보여요.

자동차 모델 하나만 가지고 6, 7년 버티기에는 긴 시간이에요. 그래서 모델 체인지하기 전 중간에 살짝 모양을 바꾸고 성능을 개선해요. 그 정도가 좀 크면 마이너 체인지, 정도가 약하면 페이스 리프트라고 해요.

1, 2년마다 눈에 띄지 않을 정도로 조금씩 변경하는 것을 연형 변경이라고 해요. 주로 판매할 연도에 맞춰서 개선한 모델을 내놓아요. 연형과 제조 연도는 일치하지 않아요. 2023년까지 주로 판매할 목적으로 2023년형을 2022년에 내놓는 식이에요.

한 사람이 여러 자동차 회사에 디자인을 해주기도 해요

자동차 디자이너는 머릿속에서 생각한 멋진 자동차를 그림으로 표현하고, 자동차는 그것을 바탕으로 철판을 찍어내서 만들어지죠. 보통 자동차 회사는 디자인 부서가 있어서 자체적으로 디자인을 해요. 어떤 곳은 디자이너가 수백 명이 넘기도 하지요.

주지아로가 디자인한 폭스바겐 골프 1세대

🚗 회사 밖에서도 디자인을 해요

자동차 회사는 가끔 회사에 속하지 않은 디자이너에게 새로운 자동차의 디자인을 부탁하기도 해요. 자동차 회사이지만 디자인 노하우가 없거나 규모가 작을 때, 내부에서 디자인할 능력이 되지 않을 때 외부에 맡기죠. 회사 안에 디자인 부서가 있어도 특정 차는 아예 외부 디자인 업체에게 따로 맡기기도 한답니다.

🚙 자동차 디자인 전문 회사

자동차 디자인을 전문적으로 해주는 곳을 '카로체리아Carrozzeria'라고 불러요. 이탈리아어로 '자동차 공방'이란 뜻이죠. 이들은 자체적으로 콘셉트카나 프로토타입을 만들어요. 자동차 회사들은 카로체리아의 작품을 보고 디자인 영감을 얻어요.

카로체리아는 디자인 능력이 뛰어날 뿐 아니라 자동차 시장의 디자인 흐름을 이끌어요. 여러 자동차 회사가 한 카로체리아에 디자인을 부탁하기도 해요. 브랜드와 차종은 달라도 디자인을 같은 곳에서 한 모델이 나오는 거죠.

유명한 자동차 디자인 회사와 디자이너

피닌파리나Pininfarina는 스포츠카 브랜드인 페라리 모델을 디자인하는 회사로 유명해요. 1930년에 생긴 피닌파리나는 1952년부터 페라리 모델을 디자인하기 시작했어요. 페라리 외에도 알파로메오, 마세라티, 피아트, 푸조 등 여러 브랜드의 차를 디자인했어요. 피닌파리나가 디자인한 스포츠카는 예술작품이라 일컬어질 정도로 아름다움을 인정받았어요. 우리나라에서도 현대차 라비타, 대우차 레조를 피닌파리나가 디자인했답니다.

베르토네Bertone라는 곳도 유명해요. 슈퍼카 브랜드 람보르기니의 역사적인 명작인 미우라와 쿤타치 등을 디자인했어요. 마르첼로 간디니, 조르제토 주지아로 같은 명성 있는 디자이너들이 베르토네 출신이에요. 우리나라의 대우차 에스페로도 디자인했지요.

이탈리아의 자동차 디자이너 조르제토 주지아로Giorgetto Giugiaro는 전 세계에서 많이 팔린 차 중의 하나인 폴크스바겐 골프를 디자인했어요. 우리나라에서 처음으로 자체 제작한 자동차인 현대자동차의 포니도 주지아로 작품이에요. 이후에도 현대차 스텔라, 대우차 마티즈를 비롯한 여러 종류의 국산차 모델이 주지아로 손에서 탄생했죠.

> **프로토타입**
>
> 프로토타입이란 어떤 기계나 프로그램 등을 본격적으로 내놓기 전에 먼저 제작하는 시험용 제품을 말해요. 자동차는 일단 생산을 시작하면 공장 설비 등도 모두 그 차에 맞춰야 하기 때문에 반드시 프로토타입을 만들어서 성능이나 디자인 등을 테스트해요. 쉽게 말해 프로토타입은 대량 생산에 들어가기 전에 시험적으로 만든 자동차예요.

주지아로가 디자인한 포니 쿠페 콘셉트

자동차의 재료

자동차에는 수많은 재료가 사용되어요. 차체는 철, 바퀴는 고무, 의자는 가죽이나 직물, 계기판은 플라스틱, 창은 유리 등으로 만들죠. 자동차의 재료는 성능과 무게에 큰 영향을 미쳐요. 자동차 회사들은 주재료인 철 대신 새로운 소재를 개발하려고 노력하고 있답니다.

벤틀리 벤테이가

🌐 '철'이 가장 적합한 재료예요

자동차는 사람을 태우거나 물건을 싣고 가는 이동수단이에요. 그래서 사람과 물건을 보호할 수 있도록 골격이 단단해야 해요. 오랫동안 타고 다녀도 약해지지 않고 튼튼하게 유지되어야 하죠. 자동차를 만들기에 가장 적합한 재료는 '철'이에요. 철은 단단하고 가격도 싸서 자동차를 만드는 주재료로 쓰인답니다.

　철을 가공하는 회사에서 철판을 만들면 자동차 회사는 자동차 모양에 맞게 찍어내서 차를 만들어요. 철은 유용한 재료지만 단점도 있어요. 무게가 많이 나가고 녹이 슬죠. 자동차는 무거워질수록 성능이 떨어져요. 기름도 많이 먹고 속도를 올리려면 힘도 많이 들죠. 녹이 스는 것은 페인트를 칠하면 해결할 수 있어요. 자동차에 형형색색 페인트를 칠하는 것은 멋있어 보이기 위한 목적도 있지만 근본적으로는 녹이 슬지 않게 하려는 거예요.

🚗 가볍지만 비싼 알루미늄과 탄소섬유

알루미늄은 가볍고 단단해서 철 대신 쓰면 차의 무게를 줄일 수 있어요. 하지만 알루미늄은 값이 비싸요. 가공하기도 어려워서 차에 사용하려면 특별한 기술이 필요하죠. 보닛이나 지붕 등 일부분만 알루미늄을 쓰기도 해요.

차체 전체를 알루미늄으로 만든 차도 있는데 가격이 비싸요. 대신 철로 만든 차에 비해서 무게가 20~30% 가벼워요. 알루미늄 외에도 마그네슘 등 새로운 재료가 나오고 있지만 가격이 비싸서 널리 쓰이지는 않아요. 경주용 자동차에는 탄소섬유를 사용해요. 탄소섬유는 단단한 플라스틱이라고 보면 돼요. 차의 무게를 아주 가볍게 할 수 있죠. 고급 스포츠카는 경주용 자동차와 비슷하게 탄소섬유로 만들어요.

> **총알에도 끄덕없는 방탄유리**
>
> 방탄유리란 2장 이상의 유리를 특수한 접합제로 밀착시켜 총알을 맞아도 깨지지 않게 만든 유리예요. 예전에는 유리 사이에 아크릴을 채워 넣어 강도를 높였지요. 요새는 유리 사이에 공기층을 주입하여 충격을 흡수하도록 하는 방법을 사용하여 방탄 효과를 높이고 있어요.

🚗 실내 재료는 다양해요

플라스틱은 자동차 실내 재료로 가장 많이 쓰여요. 그 밖에 가죽, 나무, 알루미늄, 마그네슘, 탄소섬유, 천 등이 쓰이죠. 실내 분위기는 재료의 질감과 가공 방법에 따라 많이 달라져요. 나무도 진짜 나무를 쓰는가 하면 플라스틱에 나무 무늬 필름을 입혀 나무처럼 보이게 하기도 해요.

자동차 재료에서 빼놓을 수 없는 게 유리에요. 차 안에서 밖이 보이도록 하면서 바람이나 눈비가 들이치지 않게 하려면 유리가 꼭 있어야 해요. 뒤나 옆을 보기 위한 거울도 유리로 만들어요. 자동차 유리는 사고가 나서 깨지면 특히 위험해요. 그래서 파편이 튀지 않고 금만 가도록 특수하게 만든답니다.

> **가볍고 튼튼한 탄소섬유 강화 플라스틱**
>
> 자동차의 무게는 연료 소비, 속도, 힘과 직접적으로 관계가 있어요. 자동차 회사마다 더 가볍고 튼튼한 소재를 개발하기 위해 노력하죠. 흔히 자동차 무게가 10% 줄면 연비가 6% 상승한다고 해요. 자동차를 가볍게 하는 대표적인 경량화 소재는 고강도강, 알루미늄, 마그네슘, 탄소섬유 강화 플라스틱 등이에요. 탄소섬유는 주로 비행기 몸체에 사용하는 재료였어요. 무게가 일반 철의 절반, 알루미늄의 70%밖에 되지 않는 반면 강도는 철보다 10배나 높아요.

자동차에서도 활약하는 컴퓨터

처음 자동차가 발명되었을 때는 그저 움직이는 기계였어요. 지금은 대단히 복잡한 첨단 전자 장비를 갖추고 있죠. 이제는 자동차를 '움직이는 가전제품'이라고 불러요. 자동차 속에 들어 있는 컴퓨터는 다양한 기능을 수행해요.

🚗 고마워요, 전기 장치

자동차는 기계예요. 철이나 플라스틱, 유리, 기타 금속 재료 등으로 이루어진 부품을 조합해서 만들죠. 초창기 자동차는 아주 간단한 구조였답니다. 사람이 타는 부분과 엔진, 바퀴만 달려 있다고 해도 될 정도로 부품이 많지 않았어요.

　기계 부품만으로 이루어진 자동차는 전기 장치의 도움으로 많은 발전을 이뤘답니다. 초창기 기계로만 이루어진 자동차는 시동을 거는 일도 사람이 직접 했어요. 엔진이 돌아가려면 처음에 큰 힘을 줘야 하는데 커다란 손잡이를 힘껏 돌려서 엔진에 힘을 보탰어요. 비가 오면 사람이 직접 와이퍼로 유리를 닦아줘야 했지요. 이처럼 사람이 직접 힘을 쓰던 장치들이 전기 장치로 바뀌면서 자동화됐어요. 엔진 시동은 전기 모터를 이용해 걸고 와이퍼도 전기 장치를 써서 자동으로 움직이게 됐어요.

👟 자동차에 컴퓨터가 있어요

자동차 기술이 발달하면서 자동차에 들어가는 전자 장비도 매우 많아졌어요. 단순히 사람이 할 일을 대신하는 장치를 뛰어넘어서 컴퓨터화 됐죠. 컴퓨터처럼 계산하는 부분이 차 구석구석의 상태를 계속적으로 파악해요.

컴퓨터는 차 곳곳의 기계 장치에 신호를 보내고 명령을 내린답니다. 연료가 얼마나 남았는지를 나타낼 뿐 아니라 남은 연료로 얼마나 더 갈 수 있는지도 알려줘요. 타이어 공기압을 스스로 체크해서 표시하기도 하죠. 차가 기우뚱거려서 자세를 원위치로 해야 하면 자세 잡는 장치에 명령을 내려요. 엔진이 힘을 어느 정도 필요로 하는지 파악해서 엔진에 들어가는 기름의 양을 매 순간 조절하기도 해요.

자동차 전자 장비의 단점

전자 장비가 늘어나면서 자동차는 더 편해지고 안전해졌어요. 그런데 전자 장비가 늘어나는 게 꼭 좋지만은 않답니다. 전기 장치는 기계 장치와는 달리 복잡하기 때문에 고장 나면 응급처치를 할 수 없는 경우가 많아요. 긴급 정비가 올 때까지 꼼짝 없이 기다려야 하죠. 복잡한 전자 장비를 고치는 데 돈도 많이 들어가요.

어떤 차는 컴퓨터가 도로의 울퉁불퉁한 정도를 감지해서 차가 흔들리지 않도록 움직임을 조절해요. 자동차 곳곳에 전자 장비가 엄청나게 많이 쓰여요. 전자 장비를 연결하기 위해 들어가는 전선의 길이만 해도 1km가 넘고, 무게도 50kg이 넘는다고 해요.

🔌 달리는 가전제품

앞으로 나올 스스로 달리는 차는 사람이 타지 않아도 컴퓨터가 알아서 차를 움직여요. 사람의 도움을 받지 않기 위해 컴퓨터와 전자 장비의 역할이 더 커진답니다. 스스로 달리는 자동차는 주로 전기차가 될 거예요. 전기차는 전기 모터로 달리기 때문에 엔진으로 가는 자동차보다 부품이 훨씬 적게 들어요. 기계적인 부분보다 차를 스스로 움직이게 하는 컴퓨터가 자동차의 중심 기능이라고 할 수 있어요. 자동차가 '달리는 가전제품'이 되는 거예요.

쇼퍼드리븐과 오너드리븐

자동차 실내는 한정된 좁은 공간이지만 그 안에도 좋은 자리는 나뉘어요. 운전하는 사람이 따로 있을 때 가장 좋은 자리는 동승석 뒷자리예요. 영화나 드라마에서 높은 분이 타는 장면에서 대부분 그 자리에 타는 모습을 봤을 거예요. 동승석 뒷자리를 VIP 자리 또는 회장님 자리라고 불러요.

BMW 7시리즈

🚗 뒷좌석이 더 좋은 차의 장점

동승석 뒷자리는 인도 쪽으로 향해서 타고 내리기 편해요. 운전석 뒷자리에 앉으면 1차로에서 달릴 때 반대편에서 달려오는 차가 눈에 들어와서 심리적으로 불안해져요. 동승석 뒷자리에서는 같은 방향으로 달리는 차나 경치가 눈에 들어와서 마음이 좀 더 편해져요. 동승석 시트를 접으면 시야가 넓어져서 답답하지 않아요. 사고가 발생할 때도 동승석 뒷자리가 상대적으로 위험이 덜해요.

🚙 뒷좌석을 고급스럽게 꾸민 차, 쇼퍼드리븐

자동차 회사들은 아예 VIP 자리를 넓고 화려하게 꾸민 자동차를 만들어요. 주로 고급차 회사가 내놓는 가장 큰 대형 세단이에요. 이런 차를 쇼퍼드리븐이라고 해요. 쇼퍼chauffeur는 운전기사, 드리븐driven은 움직이는 이라는 뜻이므로 운전기사가 운전하는 차를 가리켜요. 반대로 소유자를 뜻하는 오너owner가 직접 모는 차는 오너드리븐이라고 불러요.

쇼퍼드리븐이라고 해서 소유자가 직접 몰지 말라는 법은 없어요. 오히려 쇼퍼드리븐은 직접 운전하기에도 좋아요. 자동차 회사에서 가장 좋은 차이다 보니 운전석에도 각종 장비가 가득해서 다양한 경험을 할 수 있어요. 대부분 성능도 우수해서 운전하는 재미도 커요. 앞좌석도 훌륭하지만 운전기사를 두고 탈 정도로 뒷좌석을 고급스럽게 꾸민 차를 쇼퍼드리븐이라고 보면 돼요.

쇼퍼

쇼퍼chauffeur라는 단어는 프랑스어에서 나온 말이에요. 운전기사 외에 불을 때는 사람이라는 뜻도 있어요. 19세기 증기 자동차 시절에는 운전기사가 석탄을 준비하고 불을 피우는 일도 해서 쇼퍼라고 불렀어요. 요즘 쇼퍼는 훈련이 잘된 고급차 운전기사를 가리켜요. 단순히 운전만 하는 데 그치지 않고 비서, 통역, 경호, 응급처치까지 담당해요. 쇼퍼를 훈련하는 교육 과정도 있어요. 전문성을 인정해 쇼퍼를 '지상의 파일럿'이라고 부르기도 해요.

🚗 대표적인 쇼퍼드리븐 자동차

쇼퍼드리븐 자동차를 곧잘 '비행기의 일등석 같다'라고 표현해요. 비행기 일등석은 호화로운 좌석의 대표로 꼽혀요. 쇼퍼드리븐 자동차는 뒷좌석 승객이 편안하게 타는 데 초점을 맞춰요. 고급 소재를 사용하고, 시트에 각도 조절이나 마사지 기능을 넣고, 공간을 넓게 확보하고, 모니터와 냉장고를 비롯한 다양한 기능을 갖추고, 승차감을 부드럽게 조율하는 등 편안하고 아늑한 분위기에서 다양한 경험을 누리도록 해요. 롤스로이스 팬텀, 벤틀리 플라잉스퍼, 메르세데스-벤츠 S-클래스, BMW 7시리즈, 아우디 A8 등이 대표적인 쇼퍼드리븐 자동차예요.

> 못다 한 이야기 3

자동차 디자이너가 되려면 무엇을 해야 하나요?

자동차의 모양을 그려내는 사람을 자동차 디자이너라고 해요. 하지만 무턱대고 예쁘고 멋지게만 해선 안 돼요. 자동차의 많은 부품이 무리 없이 배치될 수 있도록 고려해야 하죠. 여러 가지를 한 번에 생각해야 한답니다.

모양만 생각해선 안 돼요

자동차를 만들려면 우선 자동차의 모양을 정해야 해요. 자동차의 모양을 그리는 사람을 자동차 디자이너라고 해요. 디자이너가 자동차의 모양을 그리면 그걸 가지고 자동차를 만들어요. 자동차 디자인은 무조건 멋있게 그린다고 되는 게 아니에요.

　자동차를 만들 때는 부품을 제작하고 조립하는 과정을 거쳐요. 공장에서 만들 수 있게 하려면 디자인도 그에 맞게 해야 하죠. 부품을 만들기 어렵게 디자인하면 제작 과정도 복잡해지고 비용도 많이 들겠죠. 겉모양을 디자인할 때에는 공기의 영향도 고려해야 해요. 디자이너는 미적 감각만 있어서는 안 되고, 공학적 지식도 갖추고 제작 공정도 두루두루 알아야 해요.

우선 미적 감각이 뛰어나야 해요

자동차 디자이너가 되려면 산업디자인학과를 가서 운송디자인을 전공해야 해요. 대학교를 졸업하면 자동차 회사에 취직해서 디자이너 일을 하게 되죠. 대학교 때 미술을 전공하지 않았어도 디자인학과로 유학을 가거나 대학원에 진학하는 방법으로 디자이너가 될 수 있어요. 어떤 길로 가든 자동차 디자이너가 되려면 디자인 전공은 필수예요.

외국에는 유명한 디자인학교가 있어요. 영국의 왕립예술학교RCA나 미국의 아트센터디자인스쿨ACCD이 유명해요. 이곳 출신들은 실력이 좋아서 전 세계 자동차 회사에 많이 진출해요. 한국인 디자이너들도 전 세계 자동차 회사에서 일하고 있어요. 요즘에는 그 수가 많이 늘었어요.

다양한 관심과 풍부한 경험은 기본이에요

자동차 디자이너가 된다고 해서 처음부터 자동차 전체를 그리지는 않아요. 작은 부품에서 시작해서 점차 경험을 쌓은 후에야 전체 디자인을 할 수 있어요. 디자인도 분야가 나뉘어요. 외부 디자인과 실내 디자인으로 구분하죠. 디자이너 외에도 디자인 부서에는 여러 일을 하는 사람들이 있어요. 진흙을 가지고 모형을 만드는 일이나 컴퓨터로 디자인을 하는 등 여러 가지죠.

자동차 디자이너 중 유명한 사람은 자동차 시장 전체의 유행을 만들어내요. 그 사람이 만든 디자인이 유행할 뿐 아니라 그 시대를 대표하는 자동차 디자인이 되기도 해요. 그런 감각을 키우려면 단순히 디자인만 잘해서는 되지 않아요. 여러 분야에 대한 관심과 풍부한 경험이 있어야 디자인 실력도 늘어요. 자동차 디자이너가 되려고 한다면 그림을 잘 그려야 하지만 다양한 경험으로 감각을 쌓는 게 중요해요.

경쟁이 치열해요

디자이너의 세계는 경쟁이 치열해요. 자동차를 개발할 때는 여러 디자인 중에서 하나를 골라요. 한 회사 안에서도 여러 팀이 자신들의 디자인이 채택될 수 있도록 노력해요. 경쟁을 거쳐 뽑힌 디자인은 그만큼 우수하겠죠. 지금 도로에 돌아다니는 차는 그런 과정을 통해서 디자인됐답니다.

4부

세계 최고 자동차와 자동차 회사

캐딜락 프레지덴셜 리무진

세계 인구는 80억 명이에요. 사람마다 취향이 제각각이고 자동차를 사용하는 목적이 달라요. 나라마다 대륙마다 자연환경이나 문화도 차이가 나요. 세계 각 곳에서 각 사람이 원하는 차를 만들려면 자동차 회사는 물론 차종도 수없이 많아야 해요. 전 세계에는 수백 개가 넘는 자동차 브랜드가 수천 종이 넘는 차를 만들어요. 이렇게 많은 자동차가 있다 보니 차이도 크답니다. 롤스로이스 팬텀은 한 대 값이 수억 원인데, 타타 나노는 2008년 출시 당시 200만 원에 불과했어요. 어떤 브랜드는 납작한 스포츠카만 만들고, 어떤 회사는 SUV만 제작해요. 자동차 회사는 새로 생겨나기도 하고 망해서 없어지기도 해요. 여러 회사가 손을 잡고 커다란 공동체를 이루는 등 끊임없이 변해요.

페라리 F8 트리뷰토

세계 최초의 자동차는
사람이 뛰는 것보다 조금 빨랐어요

수레바퀴까지 포함하면 자동차의 역사는 아주 먼 과거로 거슬러 올라가요. 엔진으로 힘을 내는 현대적인 자동차는 카를 벤츠가 처음 만들었어요. 1885년 카를 벤츠는 말 없이도 달릴 수 있는 마차를 만들겠다는 생각으로 자동차를 개발했어요.

페이턴트 모터바겐

카를 벤츠와 베르다 벤츠

🚗 세계 최초로 가솔린 엔진을 만든 니콜라스 오토

18세기 후반에 증기기관을 이용한 자동차가 나왔어요. 증기기관은 물을 끓이면 나오는 증기를 이용해 기계 장치를 움직이는 기관이에요. 움직이려면 나무와 석탄으로 계속 물을 끓여야 하죠. 결국 소음과 매연이 심해서 불편했다고 해요. 무게도 무거워서 도로를 파손시키는 등 문제가 많았답니다. 결국 증기기관 자동차는 널리 보급되지 못했어요.

독일의 기계 기술자 카를 프리드리히 벤츠Karl Friedrich Benz(1844~1929)는 증기기관을 대신할 동력으로 가솔린 엔진을 발명했지만 제대로 작동되지 않았어요.

비슷한 시기에 니콜라스 오토Nikolaus Otto(1832~1891)는 4사이클 가솔린 엔진 특허를 냈어요. 그런데 1884년 오토가 만든 엔진의 특허가 무효가 돼서 카를 벤츠도 4사이클 엔진을 개발했어요. 오토는 엔진은 만들었지만 이걸 가지고 자동차를 만들 생각은 하지 못했어요.

'특허 받은 자동차'를 탄생시킨 카를 벤츠

벤츠는 가솔린 엔진에 구동축을 연결하고 바퀴 3개를 단 자동차를 만들어 독일 특허청에 특허를 냈어요. 1886년 1월 29일, 37435호 특허번호를 받아 세계 최초 가솔린 자동차가 탄생했어요. 차의 이름은 '페이턴트 모터바겐Patent Motorwagen', '특허 받은 자동차'라는 뜻이에요. '말 없이도 스스로 달리는 마차'라는 뜻의 자동차가 개발된 거예요. 엔진으로 힘을 얻고 전기 점화장치까지 달린 최초의 자동차예요. 모두 세 대가 만들어졌다고 해요.

> **벤츠와 동시대에 개발된 자동차**
>
> 페이턴트 모터바겐 이전에도 자동차를 만들려는 시도는 있었어요. 오토와 함께 일하던 내연기관 기술자 고틀리프 다임러와 디자이너인 빌헬름 마이바흐는 1883년에 엔진을 만들었어요. 이것을 가지고 2년 후에 움직이는 자동차를 만들었죠. 바퀴가 2개 달려 있어서 오토바이와 비슷하게 생겼다고 해요. 이때의 이름은 라이딩카riding car라고 해요.

이 차의 몸통은 파이프로 만들었고 두 명이 탈 수 있는 구조였어요. 무게는 250kg밖에 안 되었고, 속도는 시속 16km까지 냈는데 사람이 뛰는 것보다 조금 빠른 정도예요. 자동차지만 속도를 내지는 못했죠. 말이나 소 없이도 움직인 점에 의미가 있어요.

최초의 자동차 운전자는 카를 벤츠의 부인이에요

페이턴트 모터바겐을 개발해놓고도 카를 벤츠는 외부에 공개하기를 꺼렸어요. 완벽주의자였던 벤츠는 자신이 만든 차가 완전하지 못하다고 생각했지요. 벤츠가 살던 지역인 만하임의 지방신문에는 벤츠의 차를 홍보하는 기사가 실렸어요.

최초의 자동차 운전자는 바로 카를 벤츠의 부인인 베르타 벤츠였어요. 그녀는 남편 몰래 이 차를 몰고 140km 넘는 길을 달렸어요. 카뷰레터 청소도 하고 브레이크 라이닝도 갈아 끼우는 등 본의 아니게 차를 테스트하고 점검했죠. 베르타 벤츠는 최초로 시운전한 운전자로 기록되고 있어요. 심지어 아이들 둘도 함께 태우고 달렸답니다.

벤츠의 차를 처음 판매한 사람은 에밀로저라는 프랑스 사람이에요. 그는 벤츠에게 설계도를 넘겨받아 1888년부터 이 차를 만들어서 팔았어요.

세계에는 자동차 회사가 몇 개나 있죠?

세계에는 자동차 회사가 수백 개나 있어요. 규모가 작은 회사에서부터 아주 큰 곳까지 매우 다양하답니다. 주로 유럽과 미국, 일본에 많은 회사가 있죠. 일본의 토요타와 독일 폴크스바겐이 판매 대수 세계 1위를 다투고 있답니다.

재규어 F-타입 쿠페

기아 모하비

🚗 미국 자동차 회사 빅스리

자동차 산업이 발달한 미국을 대표하는 회사는 제너럴모터스(GM), 포드, 크라이슬러였어요. 이 세 회사를 통틀어 미국에서 가장 큰 세 곳이라는 의미의 '빅스리Big 3'라고 부른답니다. 크라이슬러는 현재 스텔란티스라는 커다란 자동차 회사 소속이에요. GM은 1년에 자동차를 1000만 대나 팔며 세계 1위를 다투는 큰 자동차 회사였지만, 2008년 전 세계에 불어닥친 금융 위기 이후 순위가 내려갔어요. 테슬라는 전기차를 만드는 회사예요. 2003년에 생겨서 역사는 그리 길지 않아요. 미국에는 작은 회사도 아주 많아요.

🚗 유럽과 일본의 자동차 회사

유럽은 자동차가 가장 먼저 발명된 곳이라 자동차 회사도 많아요. 독일은 특히 자동차 산업이 발달한 곳이에요. 벤츠·BMW·아우디·폴크스바겐·포르쉐 등 유명한 고급차 회사가 독일에서 생겨났어요. 폴크스바겐 그룹은 아우디·벤틀리·스코다·세아트·람보르기니·부가티·포르쉐 등을 거느리고 있어요.

영국은 오래전부터 자동차 산업이 발달했어요. 롤스로이스·벤틀리·재규어·랜드로버·애스턴마틴·로터스 등은 모두 고급·고성능 차로 명성 높은 영국 회사들이에요. 그런데 지금은 이 회사 중에 영국 국적을 유지하는 브랜드는 없어요. 전부 다른 나라 회사로 넘어갔답니다. 소규모 회사는 아직도 영국에 많이 남아 있어요.

르노, 푸조, 시트로엥 등은 프랑스 회사예요. 이탈리아는 페라리, 람보르기니 등 슈퍼카 회사가 유명하답니다. 일본에는 토요타·닛산·혼다·스바루·미쓰비시·스즈키 등이 있어요. 토요타는 폴크스바겐과 세계 1위를 다투는 큰 회사랍니다. 이 밖에도 스웨덴의 볼보, 스페인의 세아트, 체코의 스코다 등 여러 회사가 있답니다.

자동차 회사들이 계속해서 운영되지는 않아요. 문을 닫거나 다른 회사 밑으로 들어가기도 해요. 스웨덴의 사브라는 회사는 개성 있는 차를 만드는 회사였는데 2010년대 초반에 없어졌어요.

자동차 회사가 있는 20여 개 나라

자동차를 만드는 회사는 우리가 생각하는 것 이상으로 많아요. 하지만 자동차 회사를 보유한 나라는 사실 그리 많지 않아서, 20여 개국에 그쳐요. 그중에 우리나라도 있답니다. 우리나라는 큰 회사만 5개나 되는 자동차 강국이에요. 현대자동차가 가장 크고 그다음으로는 기아가 규모가 커요. 현대차와 기아는 한 회사랍니다. 한국GM과 르노코리아는 외국 회사 소속이에요. 쌍용자동차는 SUV를 주로 만드는 회사예요.

🚗 자동차 생산량 세계 5위에 오른 우리나라

우리나라는 2021년에 중국, 미국, 일본, 인도에 이어 자동차 생산량 5위에 올랐어요. 꾸준하게 세계 순위 5~7위를 사이를 유지하고 있어요. 중국은 자동차 기술이 발달하지 않아서 외국 회사들이 들어가서 자동차를 만들어 팔았어요. 지금은 자동차 산업이 발달했고 중국 자체 회사도 많이 생겼어요. 이름 없는 회사까지 따지면 자동차 회사 수가 100개가 넘어요. 중국 자동차 시장은 전기차 기술이 특히 발달하고 보급도 많이 되었어요. 중국은 2021년 기준 13년째 세계 자동차 생산량 1위 순위를 지키고 있어요.

피아트 판다

자동차의 상표, 브랜드는 계속 있는 게 아니에요

브랜드는 자동차의 상표예요. 회사 이름이 상표인 경우도 있지만, 한 회사에서 여러 브랜드의 자동차를 내기도 해요. 자동차가 잘 팔리지 않으면 회사도 망하고 브랜드도 없어져요. 여러 브랜드를 거느린 회사는 인기가 없는 브랜드를 없애기도 한답니다.

제네시스 GV60

🚗 회사 이름과 브랜드가 꼭 같지는 않아요

브랜드가 하나인 곳은 회사 이름이 브랜드예요. 한 회사가 여러 브랜드를 거느리는 경우는 회사와 브랜드가 같지 않아요. 폴크스바겐이라는 회사는 그 밑에 폴크스바겐, 아우디, 벤틀리, 부가티, 세아트, 스코다, 포르쉐 등 여러 브랜드를 거느리고 있어요. 일본의 토요타는 대중차를 파는 토요타와 고급차를 파는 렉서스 브랜드로 나뉘죠.

🚙 그 많던 브랜드는 모두 어디로 갔을까요?

브랜드는 영원하지 않아요. 차가 많이 팔려야 회사가 운영되고 브랜드도 살아남아요. 미국의 GM은 한때 세계 1위 회사였어요. 쉐보레와 캐딜락을 비롯해 여러 브랜드를 거느렸지만

> **자동차 브랜드 가치 순위 (2022년 인터브랜드 발표)**
>
> 1위 토요타(598억 달러)·2위 메르세데스-벤츠(561억 달러)·3위 테슬라(480억 달러)·4위 BMW(463억 달러)·5위 혼다(228억 달러)·6위 현대(173억 달러)·7위 아우디(150억 달러)·8위 폴크스바겐(148억 달러)·9위 포드(144억 달러)·10위 포르쉐(135억 달러)·11위 닛산(122억 달러)·12위 페라리(94억 달러)·13위 기아(66억 달러)·14위 랜드로버(56억 달러)·15위 미니(56억 달러)

지금은 많이 줄었어요. 허머는 오프로드 SUV를 만드는 브랜드였어요. 폰티액은 스포티한 대중차를 생산했어요. 새턴은 젊은 층을 위한 소형 대중차 전문 브랜드였고, 올즈모빌은 중장년층을 위한 차를 만들었어요. 허머, 폰티액, 새턴, 올즈모빌은 GM 소속이었다가 모두 지금은 없어진 브랜드예요. 판매가 잘되지 않아서 손해가 발생해 유지하기 힘들어서 없앤 거예요. GM 다음으로 미국에서 규모가 큰 포드도 머큐리라는 브랜드를 없앴어요. 스웨덴 자동차 회사이자 브랜드 사브는 항공기 회사에서 시작해 개성 있는 차를 만들어왔어요. 사브는 경영난을 겪으면서 회사가 없어졌어요. 브랜드인 사브도 사라졌답니다.

브랜드가 합쳐지기도 해요

우리나라에도 없어진 브랜드가 있어요. 대우자동차는 GM 밑으로 들어가면서 GM대우로 바뀌었다가 한국GM이 되었어요. 한국GM은 GM 브랜드인 쉐보레와 캐딜락 브랜드 모델을 판매해요. 르노삼성은 원래 삼성자동차였어요. 삼성자동차가 회사가 어려워지면서 르노라는 프랑스 회사 밑으로 들어갔어요. 삼성이라는 브랜드는 남아 있어서 르노와 합쳐서 르노삼성이라고 부르다가 르노코리아로 바뀌었어요.

새로운 브랜드가 생겨나기도 해요. 일본 회사들은 고급차를 팔기 위해 새로운 브랜드를 만들었어요. 토요타는 렉서스, 닛산은 인피니티, 혼다는 아큐라를 선보였어요. 제네시스도 현대자동차그룹 안에 새로 생긴 브랜드랍니다.

르노코리아 XM3

링컨 스타 콘셉트

폭스바겐은 국민차라는 뜻이에요

각 나라마다 국민차가 있어요. 국민차는 기준이 따로 있는 게 아니에요. 가격이 싸서 누구나 살 수 있고 경제적인 차가 대체로 국민차가 된답니다. 또 오랜 세월 동안 인기를 얻으며 많이 팔린 차도 국민차예요.

폭스바겐 비틀(1938)

피아트 500(1957)

🚗 국민차가 따로 정해진 건 아니에요

유럽에는 소형 해치백이 아주 많이 팔려요. 폭스바겐 골프 같은 차가 대표적이에요. 일본은 경차가 국민차 역할을 한답니다. 미국은 픽업이 수십 년째 가장 많이 팔리는 차 자리를 지켜요. 우리나라는 큰 차를 선호해서 그랜저 같은 준대형 세단이 국민차 역할을 해요.

🚗 히틀러는 국민차를 계획했어요

1930년대 독일의 히틀러는 국민차를 만들 계획을 세웠어요. 포르쉐 박사가 이 계획에 참여했어요. 히틀러가 내건 국민차의 조건은 어른 2명과 아이 2, 3명이 충분히 탈 수 있고 가격은 1000마르크 이하여야 했어요. 기름 1L로 12km 이상 달릴 수 있는 경제성도 갖춰야 했어요.

차고가 있는 집이 많지 않아서 추운 겨울에도 엔진이 얼지 않아야 했어요. 유지비도 적게 들어야 했답니다.

국민차의 대표 모델, 비틀

이 조건에 맞춰서 1936년 처음 나온 차가 KdF였어요. 처음 계획한 가격보다 더 싼 900마르크에 팔렸고 연비도 1L에 15km로 아주 좋았어요. 이 차는 국민차라는 뜻으로 폴크스바겐이라고 불렸어요. 폴크스volks는 '대중' 또는 '국민'을 뜻하고 바겐wagen은 자동차를 가리켜요. 말 그대로 '국민차'였어요. 이 차는 딱정벌레처럼 생겨서 KdF보다는 '비틀Beetle'이라고 불렸어요. 비틀은 2003년까지 생산됐지요.

회사 이름이 되어버린 폴크스바겐

포르쉐 박사는 아예 폴크스바겐이라는 회사를 설립했어요. 폴크스바겐에서 만든 비틀은 전 세계에 2150만대가 팔리는 대기록을 세웠어요. 폴크스바겐은 일반 사람들이 타기에 적합한 대중차를 만드는 회사예요. 비틀 이후 폴크스바겐은 골프로 또 한 번 주목 받아요. 1974년 선보인 골프는 소형 해치백 모델이에요. 적절한 크기에 경제성과 실용성이 뛰어나서 큰 인기를 끌었어요. 지금까지 모두 3600만 대가 넘게 팔린 인기 모델이에요. 골프가 나온 이후 여러 회사들이 골프를 본뜬 차를 만들었답니다.

영국의 국민차 미니와 이탈리아의 국민차 500

폴크스바겐 비틀처럼 누구나 싸게 살 수 있는 작은 소형차가 국민차로 인기를 끌었어요. 영국의 로버가 만든 미니와 이탈리아의 피아트가 만든 500이라는 차도 각 나라에서 국민차 역할을 했어요. 이 차들은 지금도 나와요. 예전의 차가 그대로 나오지는 않고 이름과 모양을 이어 받았지요. 대중적인 차였던 과거와 달리 지금은 작고 예쁜 차로 변신해 특정 계층을 위한 차로 팔리고 있답니다.

대중차와
200만 원대 자동차

자동차는 한때 사치와 부유의 상징이었지만, 지금은 생활의 필수품이에요. 우리나라도 대부분의 가정에 차가 있어요. 누구나 쉽게 탈 수 있는 차를 대중차라고 해요. 물론 특별히 고급스러운 차를 타고 싶어 하는 사람도 많답니다.

현대자동차

🚗 대중차란 무엇인가요

요즘에는 대부분 집에 차 한 대씩은 있어요. 자동차는 누구나 살 수 있어야 하기 때문에 너무 비싸면 안 돼요. 가격이 적당해야 부담 없이 살 수 있어요. 적당한 가격에 보통 사람들이 살 수 있는 차를 대중차라고 해요.

대중차는 디자인도 대부분의 사람이 호감을 가질 수 있도록 무난한 모습이에요. 성능도 아주 강력하지 않고 일상생활에 부족함 없이 탈 수 있는 정도에 맞춰요. 편안하게 탈 수 있고 쉽게 운전할 수 있는 차예요.

🚗 부담이 적은 대중차

현대 생활에서 자동차가 없으면 이동하기 힘들어요. 꼭 필요한 물품이어서 자동차를 필수품이라고 하죠. 그래서 대중차는 가격이 비싸면 판매에 지장이 생겨요. 만들 때부터 최대한 가격을 줄일 수 있는 방법을 생각해내지요. 비싼 소재를 쓰지 않고 대량 생산해서 가격을 낮춘 답니다. 우리나라 자동차 회사들은 전부 대중차를 만들어요. 현대자동차, 기아, 한국GM, 쌍용자동차, 르노코리아는 모두 대중차 회사예요. 외국에는 GM, 포드, 토요타, 닛산, 혼다, 폴크스바겐 등이 있어요.

🚗 200만 원대 타타와 2000만 원대 준중형 자동차

인도 자동차 회사 타타에서 만든 '나노'는 세계에서 가장 싼 차예요. 2008년 처음 나왔을 때 우리나라 돈으로 240만 원 정도에 팔렸어요. 구조가 아주 간단하고 품질은 보통 수준이에요. 오토바이에 자동차 껍데기를 씌운 차라고 부를 정도였죠. 이렇게 싼 차가 있는 반면 비싼 차도 많아요.

자동차의 가격은 각 회사나 차종에 따라 달라요. 크고 고급스러울수록 가격이 비싸죠. 크기가 작은 경차는 기본형 차를 1000만 원대 초반 정도면 살 수 있어요. 현대자동차의 아반떼 같은 대중적인 준중형 자동차는 1800만~2800만 원이에요. 크기가 비슷한 BMW 3시리즈는 가격이 두세 배가 넘는 5000만 원대예요.

현대차의 중형 세단 쏘나타는 2600만~3600만 원 선이지만 비슷한 크기의 고급 수입차는 가격이 6000만 원이 넘어요. 국산차와 수입차는 가격 차이가 커요. 수입차는 외국에서 우리나라로 들여올 때 비용이 들어요. 고급 브랜드의 차는 원래 가격이 높은 데다 수입하는 과정에서 더 비싸져요.

> **크기가 기준인 경차와 소형차**
>
> 차 중에 가장 작은 차를 경차라고 해요. 법적 기준은 배기량 1000cc 미만으로서 길이 3.6m, 너비 1.6m, 높이 2.0m 이하인 차를 말하지요. 경차는 실생활에 이로운 점이 많아요. 주차도 편리하고요. 구입 비용과 세금에서 혜택이 주어져요.
>
> 소형차는 배기량이 1600cc 미만이고, 길이 4.7m, 너비 1.7m, 높이 2.0m 이하인 차예요. 외형상 세단, 해치백, SUV 등으로 구분할 수 있지요.

BMW 3시리즈

타타 나노

고급차와 10억 원짜리 자동차

고급차는 브랜드가 새로 생기기도 하고, 대중차 브랜드가 만들기도 해요. 토요타는 렉서스, 닛산은 인피니티라는 고급 브랜드를 만들었어요. 이들 브랜드의 역사는 30년이 조금 넘어요. 현대자동차에서도 2015년에 제네시스라는 고급 브랜드를 만들었어요.

페라리 SF90

부가티 미스트랄

🚗 고급차가 비싼 이유

단순히 가격만 비싸다고 고급차는 아니에요. 오랜 시간 동안 전통과 명성을 쌓아 올려서 사람들의 인정을 받아야 하죠. 롤스로이스, 벤틀리, 벤츠, BMW, 아우디, 캐딜락, 링컨, 재규어 등은 오랜 전통을 이어 온 고급차 브랜드랍니다.

    고급스럽고 강한 차는 좋은 소재를 쓰고 첨단 기술을 많이 집어넣고 더 공들여 만들어요. 아주 비싼 고급차는 기계가 아니라 자동차 만드는 기술이 아주 뛰어난 장인들의 손을 거쳐요. 어떤 차는 엔진을 1명이 책임지고 조립해요. 완성하면 만든 사람의 이름을 명패로 만들어서 엔진에 붙인답니다. 롤스로이스는 차 1대를 만드는 데 송아지 18마리의 가죽이 들어가요. 최고급차는 비싸서 아무나 살 수 없고 생산하는 양도 많지 않아요. 많이 만들지 않아서 가격은 더 비싸질 수밖에 없어요.

🔶 수억 원대 고급차

벤츠나 BMW 같은 고급차 중에서 대형 세단은 2억 원이 넘어요. 롤스로이스나 벤틀리 같은 고급차 전문 브랜드에서 만드는 차는 값이 3억~8억 원에 이를 정도로 비싸요. 롤스로이스 팬텀은 8억 원이 넘는데 1000만 원짜리 경차를 80대나 살 수 있는 가격이에요. 국산차 중에서는 대형 고급 세단의 가격이 비싸답니다. 제네시스에서 만든 G90은 가장 비싼 모델이에요. 1억 6700만 원이에요.

🔶 10억 원 이상의 고급 스포츠카와 수백억 원이 넘는 클래식카

페라리에서 만드는 차는 3억~6억 원이에요. 페라리와 경쟁하는 람보르기니의 가격도 비슷해요. 부가티는 세계에서 가장 강력하고 빠른 스포츠카를 만들어요. 힘이 1000마력이 넘고 최고 시속이 400km 이상 나오는 초고성능 자동차죠. 부가티에서 만드는 차의 가격은 수십억 원이에요. 이 밖에도 파가니, 코닉세그 등 1년에 만드는 차가 몇 대 되지 않는 고급 스포츠카 브랜드의 차는 10~20억 원대에서 시작해요.

    진짜 비싼 차들은 클래식카예요. 오래전에 만든 차를 폐차하지 않고 현재까지 잘 보존한 자동차를 클래식카라고 해요. 오래될수록 클래식카의 가치는 더 높아져요. 보통 수십 년 전에 나왔고, 100년이 넘은 차도 있어요. 클래식카는 개인이 사고팔기도 하고 경매에 나오기도 해요. 값비싼 클래식카의 가격은 수백억 원대예요.

벤틀리 바투르

세계 최고의 차, 롤스로이스

고급차에는 럭셔리 또는 프리미엄이라는 수식어를 붙이곤 해요. 벤츠, BMW, 아우디 같은 브랜드가 럭셔리 또는 프리미엄 브랜드에 속해요. 이들보다 더 좋은 차에는 '프레스티지'라는 수식어를 붙이죠. 롤스로이스와 벤틀리가 프레스티지의 대표 브랜드예요.

롤스로이스 팬텀

🚗 럭셔리보다 한 수 위의 차, 프레스티지

프레스티지prestige 자동차 중에서는 롤스로이스를 최고로 인정해요. 전통이 오래되고 프레스티지 자동차로 쌓아 올린 인지도가 아주 높아요. 프레스티지 자동차는 좋은 재료를 쓸 뿐 아니라 공정을 주로 수작업으로 진행해서 가격이 아주 비싸요. 롤스로이스 팬텀은 보통 8억 원 정도 해요. 고급차 중에 대표 모델로 꼽히는 벤츠 S-클래스도 비싼 모델이 2억 원 정도이니 롤스로이스가 얼마나 비싼지 알겠죠.

🚙 돈이 많아도 아무나 탈 수 없었어요

예로부터 롤스로이스는 명성을 쌓기 위해 엄격한 기준을 지켜왔어요. 돈이 많다고 아무에게나

팔지 않았어요. 롤스로이스를 탈 자격이 있다고 판단되는 사람에게만 차를 팔았다고 해요. 어느 유명 배우가 롤스로이스를 사려고 했다가 자격이 안 된다는 이유로 사지 못한 일도 있을 정도였죠.

롤스로이스는 왕실이나 각국의 정상들이 주로 이용하는 차였어요. 그만큼 소수의 명성 있는 사람들만 타는 차라 자연스럽게 롤스로이스라는 브랜드는 최고의 차로 인정받았어요. 지금은 형편이 된다면 누구나 살 수 있는 차가 되었지만, 최고의 차라는 명성은 여전히 유효하답니다.

🚗 아주 좋은 소재를 쓰고 대부분 수작업으로 만들어요

롤스로이스는 시트에 송아지 가죽을 쓰는데, 차 1대에 20마리 가까이 들어가요. 가죽에 상처가 나면 안 되어서 울타리가 없는 들판에서 방목하는 송아지의 가죽만을 사용해요. 이처럼 소재 하나하나를 공들여 만들어요. 에티오피아산 양가죽으로 만든 글로브 박스 깔개, 콜로라도산 양털로 만든 깔개, 열대 바다에서 구한 조개껍질로 만든 자개 등 귀한 재료를 아낌없이 쓴답니다.

🚗 완벽을 추구하기로 유명해요

어느 남성이 롤스로이스를 타고 사막을 횡단하다가 차가 멈춰 섰다고 해요. 무선기로 구조를 요청했더니 잠시 후 비행기가 와 롤스로이스 새 차를 내려놓고 갔다고 해요. 여행을 무사히 끝마친 남자가 롤스로이스에 새로운 차를 가져다
준 일을 처리하기 위해 연락을 했답니다. 롤스로이스 쪽에서는 "고객님, 롤스로이스는 절대 고장 나지 않습니다"라며 모른 척했다고 해요. 실제로 있었던 일인지 지어낸 이야기인지는 확실치 않지만 롤스로이스의 완벽한 서비스와 자신들이 만든 차에 대한 자부심이 얼마나 큰지 알 수 있는 이야기예요.

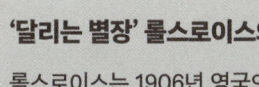 **'달리는 별장' 롤스로이스의 역사**

롤스로이스는 1906년 영국의 맨체스터에서 수공업으로 자동차를 만들던 전기 기사 F.H. 로이스와 런던의 귀족 출신 자동차 레이서인 C.S. 롤스가 함께 차린 회사예요.

이들은 아무리 빨리 달려도 소리가 나지 않고, 차 안에 올려둔 찻잔이 흔들리지도 않는 차를 만들었죠. 이들이 만든 차는 워낙 안락하고 고급스러워 '달리는 별장'이라는 별명을 얻었어요.

롤스로이스는 1915년부터 항공기 엔진을 만들었고, 1945년에는 제트엔진을 개발했어요. 1966년에는 세계 2위의 항공기 엔진 회사가 되었죠. 지금은 항공기 부문과 자동차 부문이 분리되어 있답니다.

SUV만 만드는 지프, 스포츠카만 만드는 페라리

자동차 회사 중에서 스포츠카나 SUV 등 특정한 자동차만 전문적으로 만드는 회사들이 있어요. 물론 처음엔 모든 자동차를 만들 만큼 규모가 크지 않아서였죠. 하지만 세계적인 회사가 된 지금도 장점에 집중하기 위해 특정한 유형의 자동차만 만든답니다.

랜드로버 디펜더

🚗 세단, 해치백, SUV, 미니밴 등 특정한 모양의 차만 만들어요

자동차의 형태는 다양해요. 세단은 엔진이 있는 곳, 사람이 타는 곳, 짐을 싣는 곳이 각각 분리돼 있어요. 해치백은 세단과 똑같지만 뒤 트렁크 공간이 튀어 나오지 않은 형태예요. SUV는 해치백과 비슷하게 생겼지만 키가 크답니다. 스포츠카는 세단보다 키가 작고 납작하게 생겼어요. 문도 2개랍니다. 미니밴은 SUV를 잡아 늘린 것처럼 길게 생겨서 여러 사람이 탈 수 있어요.

🚙 SUV만 만드는 지프와 랜드로버

지프와 랜드로버는 수십 년 전부터 SUV만 만들어왔어요. SUV는 원래 거친 길을 달리는 자동차죠. 세단 같은 승용차와는 구조도 다르고 적용하는 기술도 차이가 나요. 이 회사들은 세단에 눈 돌리지 않고 SUV에만 전념했어요.

랜드로버는 레인지로버라는 SUV를 만드는데 매우 고급스러운 차예요. 험한 길에서 달리는 능력이 뛰어나서 세계에서 가장 좋은 차인 롤스로이스에 빗대어 '사막의 롤스로이스'라고 부른답니다 (지금은 롤스로이스에서도 SUV 모델 컬리넌을 생산해요. '사막의 롤스로이스'라는 말의 진짜 주인이 나온 거죠).

짚차와 봉고의 유래

어떤 회사의 제품이 그와 비슷한 제품 전체의 이름을 대신하는 경우를 에포님 eponym이라고 해요.
어른들은 SUV를 '짚차'라고 불러요. '짚차'는 지프Jeep 브랜드의 이름에서 나온 말이에요. 워낙 SUV로 유명해서 회사의 이름인 지프가 일반적인 이름으로 굳어졌어요. 기아자동차에서 나온 봉고도 모든 승합차를 부르는 대명사가 되었지요.

납작한 스포츠카 전문 회사

페라리, 람보르기니, 포르쉐 등 몇몇 회사는 납작한 스포츠카만 만들었어요. 스포츠카는 일반 차보다 성능이 훨씬 강력하고 모양도 날렵해서 만들기가 쉽지 않아요. 그래서 특정 업체들이 주로 만들죠. 스포츠카는 강하고 빠른 차의 상징이에요. 스포츠카와 다른 형태의 차로는 스포츠카만큼 성능을 내기 힘들어요. 강하고 빠르다는 회사의 이미지가 깎일 수 있어서 스포츠카 업체는 다른 차는 잘 만들지 않아요.

아직도 SUV만 만드는 지프나 랜드로버와는 달리 스포츠카를 만드는 업체들은 다른 차도 만들기 시작했답니다. 대표적인 업체가 포르쉐예요. 납작한 차만 만들다가 SUV를 생산하기 시작했어요. 카이엔이라는 SUV를 내놨는데, 회사 성격에 맞게 SUV도 아주 강력하게 만들었어요. 스포츠카 업체들은 소수의 스포츠카만 만들어서 팔리는 양에 영향을 많이 받아요. SUV 시장이 커지기 시작하자 잘 팔리는 차종을 만드는 데 뛰어든 거예요. 포르쉐 카이엔이 성공하면서 다른 스포츠카 업체들도 SUV를 만들기 시작했답니다. 세단과 스포츠카만 만드는 재규어와 마세라티, 납작한 스포츠카만 만드는 람보르기니와 페라리도 SUV를 내놨어요.

페라리 296 GTB

페라리 F8 트리뷰토

자동차 엠블럼에는 동물 모양이 많아요

자동차에는 저마다 고유의 상징이 있어요. 그것을 엠블럼이라고 해요. 엠블럼에는 동물이 많아요. 자동차는 빠르고 강해서 그런 동물을 상징으로 삼는 거죠. 엠블럼에 나타난 자동차의 개성을 살펴봐요.

재규어

포르쉐

🚗 자동차 고유의 상징이에요

자동차 브랜드에는 상징하는 표시가 있어요. 이 표시를 엠블럼emblem이라고 하는데, 자동차의 그릴이나 휠에 붙여서 어느 브랜드의 차인지 나타내지요. 특별한 모델이나 기념하는 모델이 나왔을 때는 그 차에만 쓰는 엠블럼을 만들기도 해요.

　　자동차의 특징은 뭐니 뭐니 해도 빨리 달리는 속도예요. 속도가 빠른 자동차에는 평소 동경하던 동물을 엠블럼으로 붙이는 사례가 종종 있어요.

🚗 페라리와 포르쉐의 말

말은 예로부터 이동수단으로 가장 많이 쓰인 동물이에요. 말이 끄는 마차는 자동차가 나오기 이전에 가장 중요한 이동수단이었죠. 말을 엠블럼으로 쓰는 브랜드로는 페라리와 포르쉐가 있어요.

　　페라리의 말은 창업자 엔초 페라리가 경주용 자동차 드라이버로 활동하던 시절 한 부인의 권유로 쓰기 시작했다고 해요. 바카라 백작 부인은 전투기 조종사로 활약하다 전사한 자기 아들의 전투기에 붙어 있던 말 그림을 엔초 페라리에게 행운의 상징으로 쓰라고 했어요. 엔초는 고향인 모데나의 상징색인 노란색에 말을 그려 넣어 완성했답니다.

　　포르쉐의 엠블럼은 1950년대 포르쉐를 미국으로 수입한 사람이 포르쉐 박사에게 로고를 그려달라고 부탁해서 탄생했다고 해요. 포르쉐 박사는 뉴욕의 한 레스토랑에서 직접 말을 그렸답니다. 노란 바탕에 검은 말은 포르쉐 본사가 있는 독일 슈투트가르트 지역의 문장이에요. 슈투트가르트는 10세기경 기마대에 공급하는 말을 키우던 지역이었답니다. 이 둘을 합쳐서 지금의 포르쉐 엠블럼이 탄생했어요.

　　미국의 유명한 대중 스포츠카 머스탱도 말을 엠블럼으로 써요. 최초의 국산차로 꼽히는 현대자동차 포니도 이름이 조랑말이라는 뜻이랍니다.

페라리

🔴 푸조의 사자와 재규어까지

빠르게 하늘을 나는 새도 자동차 엠블럼에 자주 쓰여요. 주로 날개 형태랍니다. 벤틀리, 미니, 제네시스, 애스턴마틴, 크라이슬러의 엠블럼이 날개 모양이에요. 프랑스의 푸조는 사자 모양 엠블럼을 써요. 사자는 푸조 공장이 세워진 곳인 벨포르시를 상징하는 동물이에요.

　　재규어는 아예 동물 이름이 브랜드 이름이에요. 원래 이름은 '스왈로우 사이드카스Swallow Sidecars'이고 줄여서 SS로 불렸어요. 나중에 제2차 세계대전 동안 수많은 유대인을 학살한 독일 나치의 친위대 슈츠스타펠Schutzstaffel이 등장했는데 약자가 SS였어요. 그래서 회사 이름을 재규어로 바꿨다고 해요.

벤틀리

> **메르세데스-벤츠와 BMW, 아우디의 엠블럼**
>
> 메르세데스-벤츠의 엠블럼은 동그란 테두리 안에 꼭지가 3개인 별이 들어 있는 모습이에요. 육지, 바다, 하늘에서 최고가 되고자 하는 열망을 담았다고 해요. BMW의 검정 원 안에 파란색과 하얀색이 있는 로고는 의견이 분분한데, BMW 공장이 있는 바이에른 지역의 표식을 딴 것이라고 해요. 아우디는 독일 작센 지역의 4개 자동차 회사가 모여 이루어진 회사라서 동그라미 4개가 나란히 이어져 있죠.

세계에서 가장 많이 팔린 차

자동차는 1885년에 처음 발명됐어요. 그 이후로 지금까지 140여 년 동안 아주 많은 차가 만들어지고 팔렸죠. 인기 없는 차는 1세대로 끝나기도 해요. 판매 대수가 적은 차는 생명을 다해 더는 만들어지지 않거나 완전히 새로운 다른 차로 태어나요.

토요타 코롤라

포드 F-시리즈

폴크스바겐 골프

많이 팔린 차들의 공통점은 대중차예요

자동차 중에서 같은 이름을 유지한 채 차의 기능이나 외형이 새롭게 바뀌면 세대가 하나 늘었다고 해요. 두 번째로 바뀐 차는 2세대, 아홉 번째 변화를 겪은 차는 9세대 이렇게 부른답니다. 세대가 바뀌면서 계속해서 나오는 차는 인기가 있다는 뜻이에요. 세대를 이어 많이 팔리는 차의 공통점은 대중차예요.

대중차는 가격이 적당하고 보통 사람이 부담 없이 살 수 있는 차를 말하죠. 값비싼 스포츠카나 고급차는 일부 계층을 대상으로 만든 차라서 많이 팔리지 않아요. 대중차 중에서도 많이 팔린 차는 가격, 성능, 디자인, 실내 공간 등 여러 부분의 만족도가 높아서 잘 팔려요. 대중차는 평범한 차이지만, 많이 팔린 차는 더는 평범한 차가 아니에요. 자동차 역사에서 가장 많이 팔린 차로 기억되는 특별한 차랍니다.

1000만 대를 돌파한 자동차

1000만 대도 아주 많이 팔린 거예요. 아주 오래전에 자동차 대량생산의 길을 튼 포드 모델 T, 포드 피에스타, 포드 포커스, 토요타 캠리, 혼다 어코드, 폴크스바겐 제타 등이 1000만 대를 넘겼어요. 이 차들은 여전히 같은 이름을 유지해요. 계속 인기를 끌어서 2000만 대를 돌파할 차들도 나올 거예요. 이미 혼다 시빅은 2750만 대를 기록하고 3000만 대를 향해 가고 있어요. 국산차도 1000만 대를 돌파한 차가 있어요. 현대차의 준중형 세단 아반떼는 1996년 처음 나온 이후로 1500만 대 정도 팔렸어요.

세계에서 가장 많이 팔린 차, 토요타의 코롤라

3000만 대를 돌파한 차는 네 종류예요. 세계에서 가장 많이 팔린 차는 토요타의 코롤라예요. 1966년 처음 나와서 현재 12세대 모델까지 나왔어요. 사람으로 치면 나이가 50대 중반인 셈이죠. 코롤라는 56년 동안 5000만 대가 넘게 팔렸답니다. 거의 40초에 한 대씩 팔린 셈이에요. 지금도 계속해서 많이 팔려서 이 숫자도 계속해서 변하고 있어요.

그다음으로 많이 팔린 차는 포드의 F-시리즈 픽업이에요. 픽업은 뒤에 짐칸이 달린 차를 말해요. 상업용으로 주로 쓰이는 트럭과 달리 개인이 타는 차죠. 픽업은 미국에서 가장 잘 팔린답니다. 미국은 땅이 넓지만 배달 문화가 발달하지 않아서 개인이 큰 물건을 직접 나르는 일이 많아요. 그럴 때 픽업이 아주 유용하죠. 그중에서도 포드 F-시리즈가 가장 인기가 많아요. F-시리즈 픽업은 1948년에 나왔어요. 나이가 74세예요. 세대는 14번이나 바뀌었어요.

그다음으로 많이 팔린 차는 폴크스바겐의 골프예요. 골프는 뒤가 몽땅한 해치백 승용차죠. 골프는 3600만 대가 넘게 팔렸어요. 1974년에 나왔으니 거의 50세이고, 8세대까지 나왔답니다. 폴크스바겐의 파사트라는 중형 세단도 3100만 대나 팔렸어요.

대통령들은 어떤 차를 타나요?

대통령이 타는 자동차는 아주 튼튼하게 만들고 위험한 상황이 발생해도 견뎌낼 수 있도록 각종 장치를 보강해요. 군인이나 경찰이 총알에 맞아도 무사하도록 방탄복을 입듯이 대통령이 타는 차도 방탄차로 만든답니다.

캐딜락 프레지덴셜 리무진

메르세데스-벤츠 S-클래스 가드

🚗 대통령의 방탄차와 부자의 방탄차

방탄차는 대통령뿐 아니라 정부의 높은 사람이나 부자들도 즐겨 타요. 우리나라는 치안이 좋은 편이지만 그렇지 않은 나라도 많아요. 테러 위험이 높거나 분쟁 중인 나라, 총을 마음대로 가지고 다닐 수 있는 나라에서는 방탄차가 많이 팔려요.

자동차 업체들은 다양한 계층을 위해 여러 종류의 방탄차를 만든답니다. 미국이나 유럽에서는 방탄차에도 등급을 매겨요. B4는 권총 탄알을 막을 수 있어요. B6, B7은 포탄이나 지뢰 공격도 견뎌낸답니다. 대통령이 타는 차는 주로 B7 등급이에요.

🌍 포탄이나 지뢰도 견뎌내는 방탄차

방탄차는 총탄을 견뎌내야 할 뿐 아니라 지뢰나 폭탄이 터져도 안전하도록 바닥이 단단해요. 타이어가 터져도 계속해서 달릴 수 있어야 하죠. 독가스 공격에도 견뎌야 하고, 비상 탈출을 위해 유리는 위급 상황이 발생하면 자동으로 떨어져 나가야 해요.

소화 시스템을 갖춰서 엔진룸에 불이 붙으면 소화액을 스프레이로 뿜어내고, 연기 제거 시스템은 실내에 발생한 연기를 없애요. 안전장비가 많다 보니 차의 무게가 3~4톤에 이를 정도로 무거워요. 비슷한 크기의 보통 자동차보다 두 배 정도 무겁죠. 이렇게 무거운 차체를 감당하려면 힘도 아주 좋아야 해요.

> ### 방탄차는 여러 대가 필요해요
>
> 우리나라 대통령이 주로 타는 방탄차는 벤츠예요. 에쿠스 방탄차도 가지고 있지요. 대개 대통령의 차는 고장에 대비하고 안전하게 경호할 목적으로 한 대가 아니라 여러 대를 준비해요. 외국에 갈 때는 대통령의 차를 비행기로 실어서 같이 가져가기도 한답니다. 그렇지 못할 때는 방문하는 국가에서 방탄차를 제공해요.

🚗 성능만큼 품격도 중요해요

방탄 성능이 좋다고 해서 아무 차나 대통령 차가 될 수 없어요. 대통령은 나라를 대표하므로 차도 격에 맞아야 해요. 롤스로이스, 벤틀리, 벤츠, BMW, 캐딜락, 링컨 등 고급차를 주로 대통령 차로 사용해요. 대통령의 차로 선정되면 자동차 회사에 큰 영광이에요.

프랑스

각 나라 대통령은 주로 자기 나라에서 만드는 차를 타요. 미국 바이든 대통령은 캐딜락을 타고 독일 총리는 벤츠를 타요. 영국 왕실에서는 세계에서 가장 좋은 차로 알려진 롤스로이스나 벤틀리 중에서 고른답니다. 프랑스는 푸조와 르노 등 자동차 회사들이 있지만 이들은 큰 차를 만들지 않아요. 프랑스 대통령은 DS 7이라는 중형 SUV를 타요. 푸조의 형제 브랜드인 DS에서 나오는 차예요.

> ### 우리나라의 방탄차
>
> 방탄차는 아직은 외국 자동차 회사들이 수준이 높아요. 벤츠나 아우디는 1928년부터 방탄차를 만들어왔어요. 국내에서는 현대자동차가 에쿠스 방탄차를 만들었어요. 방탄 등급은 높지 않다고 알려졌어요. 에쿠스 방탄차는 2009년에 처음 제작되어 청와대에 기증되었어요. 최대 430마력을 내는 타우엔진을 장착했고, 적외선 라이트, 자동 소화기, 공기정화장치 등 다양한 위험 상황에 대응할 수 있게 해두었어요. 수류탄과 총알로부터 내부를 보호해야 하기 때문에 두꺼운 고강도 강판을 사용해 무게는 4.8~5톤 정도랍니다.

세계 3대 스포츠카 회사

경주용 자동차는 줄여서 경주차라고도 해요. 스포츠카는 경주차를 일반인도 탈 수 있게 만들면서 탄생했어요. 경주차처럼 날렵하게 생겨 빠른 속도를 낼 수 있는 차죠. 요즘은 젊은 사람뿐 아니라 나이가 지긋한 분들도 경주차를 많이 타고 다닌답니다.

페라리 SP48 유니카

람보르기니 테르조 밀레니오

🏁 스포츠카와 경주용 자동차의 역사가 같아요

경주차의 역사는 자동차의 역사와 거의 함께해요. 경쟁은 사람의 본능이에요. 자동차가 생기면서 누가 빠르게 달리느냐를 겨루는 자동차 경주도 생겨났어요. 포드 창업자인 헨리 포드는 "자동차 경주는 두 번째 자동차가 생산된 후 5분 후에 시작되었다"라는 말을 남겼어요. 이 세상에 자동차가 두 대가 된 후 바로 경주가 시작되었다는 뜻이에요. 자동차 회사들은 기술을 개발하고 회사를 홍보하려고 자동차 경주에 참여했답니다. 일반 도로에서 탈 수 있도록 만든 경주차도 선보였어요. 스포츠카는 경주차를 기반으로 자연스럽게 생겨났어요.

최초의 스포츠카가 어떤 차인지는 확실하지 않아요. 1900년대 초반부터 스포츠카라고 할 수 있는 차가 하나둘 나오기 시작했어요. 타트라 렌츠바이어(1900), 메르세데스 심플렉스 60(1903), 복스홀 프린스 헨리(1910) 등이 초창기 스포츠카로 꼽히는 차들이에요.

🏎 세계에서 가장 유명한 스포츠카 회사, 페라리

1929년 이탈리아의 엔초 페라리는 자동차 경주 선수들에게 차를 빌려주는 경주 팀인 스쿠데리아 페라리를 만들었어요. 이 경주 팀을 기반으로 1947년에 자신의 이름을 따서 페라리는 스포츠카 회사를 만들었죠.

페라리는 자동차 경주에서 쌓은 기술력을 바탕으로 아름다운 경주차를 만들어 명성을 얻었어요. 페라리는 지금도 F1 그랑프리에 팀을 운영하고 있어요. 한때 페라리는 1년에 만드는 차의 수를 7000대로 제한했어요. 적게 만들어서 가치를 높이려는 거예요. 워낙 인기가 많아서 2019년부터는 1만 대 이상으로 늘렸어요.

> **낮아서 빠르지만 불편해요**
>
> 빠른 속도를 내고 날렵한 모양을 유지하도록 스포츠카의 차체는 낮게 설계해요. 차체가 낮으면 달릴 때 공기 저항을 줄일 수 있어서 속도를 내기가 쉽죠. 그러다 보니 일반 도로에서 달릴 때는 불편해요. 도로 방지턱이 많은 우리나라에서는 차의 밑바닥이 긁힐 수도 있죠. 이런 문제를 해결하기 위해 최근에는 차체의 높이를 조절하는 기능을 갖추기도 해요.

🏎 페라리만큼 유명한 람보르기니

1963년에 생긴 람보르기니는 미우라, 쿤타치, 디아블로 등 자동차 역사를 빛낸 명차를 만들었어요. 람보르기니 모델은 뾰족한 쐐기형 차체와 각진 모서리가 특징이에요. 정통 스포츠카는 두 종류만 만들어요. 현재 판매 모델은 우라칸과 아벤타도르예요. 2018년부터는 SUV 우루스도 판매하고 있어요.

🏎 포르쉐 박사가 만든 포르쉐

독일의 유명한 스포츠카 회사 포르쉐는 타기 편하고 다루기 쉬운 스포츠카를 만들어요. 속도를 즐기기에도 좋고 평상시에 타고 다니기에도 편한 차예요. 포르쉐는 페르디난트 포르쉐 박사가 1931년 독일에 만든 포르쉐 엔지니어링 사무소에서 시작됐어요. 1948년 356이라는 스포츠카를 만들면서 포르쉐라는 이름을 본격적으로 사용했지요. 1964년에 나온 포르쉐 911은 개구리눈을 닮은 헤드램프가 특징인 차로 아직까지 포르쉐를 대표한답니다.

포르쉐 타이칸

양의 탈을 쓴 늑대, 고성능 모델

세상의 자동차는 크게 두 종류로 나눌 수 있어요. 스포츠카와 스포츠카 아닌 차예요. 스포츠카는 성능이 뛰어나서 힘도 강하고 빠르게 달려요. 보통 두 명만 탈 수 있고, 차체가 낮고, 트렁크가 거의 없어요. 자동차의 기본 특성인 힘과 속도를 즐기기에는 좋지만 일상에서 타고 다니려면 불편해요. 스포츠카 아닌 차는 반대예요. 여러 명이 탈 수 있고, 짐 공간도 넉넉하고, 실내 공간도 여유로워요.

메르세데스-AMG GLE

BMW M4

🐺 일반 자동차인데 성능은 스포츠카 수준인 차를 고성능 모델이라고 불러요

BMW M, 메르세데스-벤츠 AMG, 아우디 RS, 캐딜락 V, 재규어 SVR, 렉서스 F, 토요타 GR, 미니 JCW, 현대 N 등이 고성능 모델이에요. 일반 모델의 힘을 키우고 스포츠카와 비슷하게 설정을 조절해요. 평상시에는 일반 자동차처럼 활용하다가 성능을 즐기고 싶을 때는 스포츠카처럼 타고 다닐 수 있어요. 고성능 모델의 겉모습은 일반 모델과 거의 비슷해요. 외모는 평범하지만 성능은 강해서 '양의 탈을 쓴 늑대'라는 별명이 붙었어요. 스포츠카의 튀는 외모가 부담스러운 사람은 그런 부담이 덜한 고성능 모델을 찾아요.

🚗 고성능 모델은 힘이 강해요

BMW M5 컴페티션 모델의 출력은 625마력이에요. 슈퍼카 수준으로 출력이 커요. 정지 상태에서 시속 100km까지 3.3초 만에 도달해요. 기본형인 520i의 출력은 184마력이에요. M5의 출력이 세 배 이상 커요. 고성능 모델은 성능을 키우고 고급스럽게 꾸며서 가격도 비싸요. 520i의 가격이 6000만 원대인데 M5 컴페티션 가격은 세 배 가까운 1억 6000만 원대예요.

🚗 고성능 모델을 발전시킨 회사는 BMW예요

BMW M은 1972년 BMW의 모터스포츠를 담당하는 자회사로 시작했어요. 경주에 출전할 차를 만들다가 1978년에는 첫 번째 상용 모델인 M1을 개발했어요. M1은 일반 모델을 고성능으로 바꾼 차가 아니라 처음부터 고성능 전용 모델로 선보였어요. 일반 모델을 개조한 고성능 모델은 1979년 나온 M535i예요. 5시리즈를 고성능 모델로 바꿔서 큰 인기를 끌었어요. 1986년 선보인 M3는 가장 M다운 차로 오랫동안 고성능 모델의 대명사로 통했어요.

🚗 자동차 튜닝 회사인 AMG는 벤츠의 자회사예요

AMG는 M보다 앞선 1967년 설립된 자동차 튜닝 회사예요. 메르세데스-벤츠 직원인 아우프레이히트가 회사에서 나와 차렸어요. AMG는 1960년대 말 300 SEL을 튜닝해 경주에 나가서 우수한 성적을 거뒀어요. 대형 세단이 빠르게 달리는 모습이 인상적이어서 사람들은 차체 색상에서 착안해 레드 피그(붉은 돼지)라는 별명을 붙였어요. AMG는 1980년대부터 메르세데스-벤츠와 협업했고, 1993년에는 첫 번째 모델 C 36 AMG를 내놓았어요. 현재 AMG는 벤츠의 자회사로 여러 가지 AMG 모델을 생산하고 있어요. AMG는 '원 맨 원 엔진' 철학으로 유명해요. 엔지니어 한 명이 엔진 하나의 제작 과정 전부를 책임져요.

아우디 RS6

전기차와 고성능 모델

전기차에도 고성능 모델이 생겨나고 있어요. BMW i4 M50, iX M60, 메르세데스-AMG EQS 53, 아우디 RS e-트론 GT 등이 고성능 전기차예요. 전기차는 엔진이 없어서 고성능 차의 중요한 특징인 강렬한 배기음이 없어요. 대신 인공적으로 소리를 만들어서 역동적인 감성을 살린답니다.

세상의 단 한 사람만을 위한 자동차, 원오프 모델

자동차를 적절한 가격에 살 수 있는 이유는 대량 생산 덕분이에요. 차를 대량 생산하면 비용을 줄일 수 있어서 가격도 낮아져요. 적절한 가격에 차를 살 수 있어서 좋지만 같은 차가 많아져서 개성을 살리기는 힘들어요. 남과 다른 차를 타고 싶어 하는 사람은 특별한 차를 원해요.

롤스로이스 스웹테일

람보르기니 SC20

벤틀리 바칼라

🚗 원오프 자동차는 주문자가 원하는 디자인과 성능을 수작업으로 만들어내요

고급 차 회사는 특별한 차를 원하는 사람을 위해 맞춤 주문을 받아서 색상이나 옵션을 구매자가 원하는 대로 꾸밀 수 있게 해요. 차종은 같더라도 색상이나 옵션은 완전히 다른 차를 만드는 거예요. 또 다른 방법으로 몇십 대 혹은 몇백 대만 만드는 한정판을 내놓기도 해요. 전 세계에서 극히 일부만 차를 소유할 수 있어서 한정판은 희소성이 커요.

희소한 차를 찾는 수집가는 한정판으로도 만족하지 않아요. 세상에 다른 누구도 갖지 않은 자기만의 차를 원해요. 자동차 회사는 이런 사람을 위해 단 한 대만 차를 만들어요. 이런 차를 '단 하나(one-off)'라는 말을 써서 원오프 자동차라고 불러요. 원오프 자동차는 주문자가 원하는 디자인과 성능으로 만들어요. 차 한 대를 만들려고 조립 라인을 설치할 수 없으니 대부분 공정이 수작업으로 이뤄져요. 디자인, 설계, 부품, 조립을 단 한 대에만 맞춰서 하다 보니 가격이 엄청나게 비싸요. 보통 차 가격이 수십억 원에서 수백억 원이에요.

🚗 세계 최고급 자동차 회사의 원오프 모델

원오프 모델은 가격이 비싼 만큼 누구나 인정할 만큼 고급스러워야 하고 가치가 있어야 해요. 최고급 브랜드가 아니고서는 이런 조건을 맞추기 쉽지 않아요. 롤스로이스, 벤틀리, 페라리, 람보르기니처럼 값비싼 최고급 차나 슈퍼카를 만드는 회사가 주로 원오프 모델을 내놓아요. 고객의 주문을 받을 때도 있지만, 미리 만들어놓고 팔기도 해요. 원오프 모델은 자동차 회사의 역량을 강조하는 역할을 해요. 이런 차를 만들어낼 수 있는 시스템과 기술을 갖췄다고 홍보하는 거예요. 오랜 전통을 원오프 모델에 적용해서 회사의 가치를 알리기도 해요.

세계 최고급 브랜드로 꼽히는 롤스로이스가 2017년에 선보인 스웹테일은 고급차와 요트의 특성을 반영해 1920년~1930년대 감성을 살린 차예요. 만드는 데만 4년이 걸릴 정도로 공들였어요. 가격은 1300만 달러, 우리 돈으로 170억 원쯤 돼요.

바칼라는 벤틀리에서 만드는 원오프 모델이에요. 생산 대수는 12대이지만 각각 고객 맞춤형 디자인으로 고유한 특성을 살릴 계획이에요.

람보르기니는 SC18과 SC20, 두 가지 원오프 모델을 선보였어요.

🚗 원오프 모델을 활발히 내놓는 회사는 페라리예요

페라리는 값비싼 슈퍼카를 소량 생산하는 노하우를 원오프 모델에 그대로 적용해서 특별한 차를 만들어내요. SP12 EC는 유명 가수 에릭 클랩튼의 주문을 받아 만든 차예요. SP30은 석유 사업가이자 페라리 수집가로 유명한 치라크 아르야가 주문했어요. 이 밖에도 P540 슈퍼패스트 아페르타, SP38 데보라, P80/C, SP48 유니카 등 다양한 원오프 모델이 선보였어요. 페라리가 2022년까지 만든 원오프 모델은 20여 대에 이르러요.

자동차 회사가 만드는 다른 탈것들

자동차는 탈것이 계속 발전하면서 만들어졌어요. 사람의 힘으로 움직이는 자전거에 엔진을 달아서 오토바이가 생겨났어요. 오토바이를 만들다 보니 기술 발달해서 자동차를 개발하게 되었죠. 반대로 자동차를 만들면 탈것을 만드는 실력이 늘어서 자동차 이외의 탈것을 같이 제작하기도 해요.

혼다 제트

오토바이는 자동차와 연관이 많아요

오토바이와 자동차의 바퀴 수는 다르지만 엔진을 이용해 달리는 점이 비슷해요. 자전거나 오토바이를 만들던 회사가 자동차 회사가 되기도 해요. 자동차를 만들면서 예전부터 만들던 오토바이도 계속해서 생산해요. BMW와 혼다는 대표적인 오토바이를 만드는 자동차 회사예요. 오래전부터 만들어와서 이들 회사가 내놓는 오토바이는 수준 높은 제품으로 인정받아요. 자동차를 만들 때 쓰는 첨단 기술을 오토바이에도 적용해서 기술 수준이 높아요.

혼다는 비행기도 만들어요

혼다라는 회사는 자동차와 오토바이 외에 비행기도 만들어요. 2012년부터 혼다는 직접 제작한 7인승 경량 비즈니스 제트기를 팔기 시작했어요. 혼다는 비행기를 파는 동시에 사는 사람을 대상으로 비행 조종 훈련도 시켜 줘요. 자동차 회사인 동시에 비행기 회사라고 할 수 있을 정도로 비행기 분야에 전문적인 모습을 보여주죠. 같은 탈것이지만 자동차 회사가 비행기를 만들기는 쉽지 않아요. 혼다 제트 개발은 1986년에 시작됐답니다. 비행기 만드는 데 25년이 걸린 거예요. 시속 780km 정도까지 속도를 내고 2660km를 날아갈 수 있답니다.

트랙터 회사에서 출발한 람보르기니

람보르기니는 납작하고 날렵한 스포츠카를 만드는 회사인데 트랙터도 만들어요. 스포츠카 만드는 회사가 트랙터를 만든다니 이상하죠? 람보르기니는 원래 트랙터를 만드는 회사였어요. 창업자인 페루치오 람보르기니는 우수한 트랙터를 만들어서 큰돈을 벌었고 자동차 회사도 설립했어요. 지금은 스포츠카 회사로 더 유명하지만 여전히 트랙터를 만들고 있답니다.

세계에서 가장 빠른 잔디깎이를 만든 혼다

바퀴 달리고 모터로 움직인다는 면에선 잔디깎이도 자동차의 일종이라고 할 수 있어요. 혼다가 만드는 '민 모워 Mean Mower'는 세계에서 가장 빠른 잔디깎이로 유명해요. 1세대 모델은 평균 최고 시속 187.6km를 기록해 기네스 신기록을 세웠어요. 2세대 모델의 속도는 시속 243km로 올라갔어요. 자동차만큼이나 빠른 잔디깎이예요.

혼다 민 모워   BMW 오토바이   람보르기니 트라토리

> 못다 한 이야기 4

자동차는 어떻게 만들어질까요?

자동차는 복잡한 기계

자동차는 어떤 과정을 거쳐 만들어질까요? 디자이너의 머릿속에 있던 아이디어가 실제 자동차로 만들어지기까지는 수많은 공정을 거쳐요. 디자인, 설계, 조립 등 단계마다 반드시 여러 테스트도 통과해야 한답니다.

자동차는 2~3만 개의 부품으로 이뤄진 아주 복잡한 기계예요. 한 대의 자동차를 만드는 데는 시간도 오래 걸리고 과정도 복잡해요.

작업 1. 디자인으로 모양 정하기

자동차를 만들 때는 먼저 디자인 작업을 해서 모양을 정해요. 스케치해서 아이디어를 구체화한 후에 테이프로 실제 자동차 크기대로 그려봐요. 컴퓨터로 3차원 형상을 만들어서 실물처럼 보이게 하는 작업도 거치죠. 요즘에는 가상 현실이 발달해서 컴퓨터 영상으로 실제 차처럼 보이게 한 후에 평가해요. 모양이 정해지면 진흙으로 실제 차와 똑같은 모양의 모형을 만든답니다.

작업 2. 디자인에 맞는 공학적 설계

디자인이 끝나면 설계를 해요. 차체를 어떻게 만들지 공학적 요소를 고려해서 정해요. 차는 달릴 때 소음과 진동이 발생해요. 설계 단계에서 이런 소음과 진동이 발생하지 않도록 연구해요. 차에 넣을 엔진과 변속기도 정해요. 이 밖에 각 부품을 만들고 적용하는 방법도 정한답니다. 앉는 자세나 공간 여유 등 여러 요소를 고려하는 과정도 거쳐요.

작업 3. 수많은 시험으로 이상 점검하기

디자인과 설계 과정을 거치면 대략적인 기능을 갖춘 자동차의 모양이 나와요. 이제 본격적으로 자동차에 이상이 없는지 테스트해요. 공기의 영향은 얼마만큼 받는지, 뜨겁거나 추운 데서도 잘 견디는지, 눈이나 비가 와도 새는 곳은 없는지, 도로 상태에 잘 반응하는지, 충돌했을 때 안전한지, 울퉁불퉁한 길은 잘 통과하는지, 타이어는 제 성능을 발휘하는지 등 여러 가지 시험 과정을 거쳐요.

자동차 회사는 뜨거운 사막이나 추운 극지방에 차를 가져가서 테스트해요. 이런 곳에서 수십만 km를 달리면서 차에 이상이 없는지, 부품들은 잘 견뎌내는지 알아봐요. 요즘은 컴퓨터가 발달해서 테스트 장소로 가지 않고 가상으로 결과를 얻기도 해요.

작업 4. 조립과 마지막 검사

디자인과 설계, 테스트 다음 단계는 조립이에요. 철판을 차의 모양에 맞게 찍어내고 페인트를 칠해요. 엔진과 각 부품도 자리에 맞게 다 집어넣어요. 만들어진 차는 흠집은 없는지, 물이 새는 곳은 없는지, 엔진은 잘 돌아가는지 마지막 검사를 거쳐요. 다 만들어진 차는 차를 산 사람에게 전달해요. 차를 산 사람은 공장에 직접 가거나 집 가까운 곳에서 차를 받아요.

5부

재미있는 자동차 이야기

포르쉐 LMDh 경주차

자동차는 흥미로운 내용이 가득 담긴 이야기 상자 같아요. 발명 역사는 길고, 기술은 나날이 발전하고, 수많은 회사가 다양한 차종을 수없이 쏟아내고, 관련 있는 직업도 무수히 많고, 법이나 문화와도 연관 있어서 재미난 이야기가 끊임없이 생겨나요. 타이어는 왜 검은색만 있는지, 헤드램프 불빛이 예전에는 노란색이었는데 언제부터인가 하얀색이 왜 늘어났는지, 둘 다 힘인데 출력과 토크의 차이는 무엇인지, 보통 차는 오래되면 폐차해서 없어지는데 어떤 차는 왜 더 값비싸고 귀한 차가 되는지, 꽉 채우면 열 명도 더 탈 수 있는 차에 왜 다섯 명만 앉게 해놨는지 생각해 봤나요? 자동차 세계는 파면 팔수록 흥미로운 사실들이 쏟아져 나와요. 정답을 찾다 보면 자동차의 매력에 푹 빠질 거예요.

안전벨트가 있는데 카시트가 왜 필요할까요?

자동차는 빠른 속도로 움직이기 때문에 늘 사고 위험이 있어요. 자동차를 탈 때는 반드시 안전장치를 갖춰야 해요. 가장 기본적인 안전장치는 안전벨트죠. 조금 불편하게 느껴질 수 있지만, 안전벨트는 생명을 지켜주는 소중한 장치랍니다.

볼보 아마존

🚗 가장 기본적인 안전장치

안전벨트는 차에 탄 사람의 몸을 끈으로 의자에 고정해주는 장치예요. 차가 어딘가에 부딪혔을 때 안에 탄 사람이 창문을 뚫고 튀어 나가지 않도록 꽉 붙잡아줘요. 차가 이리저리 흔들릴 때 몸이 움직이지 않게 붙잡아줘서 차를 더 잘 운전할 수 있게도 해준답니다.

안전벨트는 3점식을 가장 많이 써요. 3점식이란 고정하는 곳이 세 군데라는 뜻이에요. 차에 탔을 때 착용하는 안전벨트를 잘 보면 차 기둥과 바닥에 고정돼 있고 잡아당겨서 다른 한쪽에 꽂는 구조예요.

2점식은 주로 버스에서 볼 수 있는데, 허리 양쪽을 연결하는 구조예요. 예전에는 승용차 뒷좌석 가운데 자리에 2점식을 썼어요. 요즘에는 뒷좌석 가운데 자리에도 더 안전한 3점식 안전벨트를 쓴답니다. 사고 위험이 아주 큰 경주용 차에는 고정하는 곳이 4개 또는 6개나 되는 4점식이나 6점식 벨트를 설치해요.

🚗 자동차가 처음 발명됐을 때는 없었어요

처음에는 자동차의 속도가 느려서 사고나 나도 크게 위험한 상황으로 이어지지 않았죠. 자동차의 성능이 좋아지고 자동차 경주가 활성화된 1930년대부터 차의 속도도 빨라졌어요. 사고가 나서 차가 튀어 오르거나 회전할 때 사람이 튕겨 나가는 일이 종종 생겼죠.

처음에는 운전자 스스로 안전벨트를 만들어 달았어요. 독일에 속도 무제한 고속도로인 아우토반이 생기면서부터는 속도 경쟁이 더 심해졌어요. 1936년에 스웨덴 볼보자동차의 직원이 아우토반을 달릴 차에 2점식 안전벨트를 달기 시작한 것이 공식적인 안전벨트의 시초라고 해요. 3점식 안전벨트는 이보다 시간이 오래 흐른 1959년 볼보가 처음 개발했어요. 아마존 120, PV544라는 차에 처음으로 안전벨트를 달았답니다.

에어백 때문에 안전벨트가 더 필요해요

에어백은 차가 어딘가에 부딪혔을 때 주머니의 공기가 부풀어 올라 안에 탄 사람이 다치지 않게 하는 장치예요. 에어백은 차에 충격이 전해지자마자 순식간에 부풀어 오르는데 그 힘이 굉장히 강해요. 안전벨트를 매지 않으면 부풀어 오르는 에어백 때문에 다칠 수 있어요. 요즘 안전벨트는 사고가 나면 스스로 당겨져서 사람이 튕겨나가지 않고 의자에 밀착되게 해요. 어떤 차는 안전벨트 안에 에어백을 집어넣는 등 안전벨트의 기능이 더 많아지고 있답니다.

🚗 어린이는 반드시 카시트에 앉아야 해요

안전벨트는 몸에 딱 맞아야 효과를 볼 수 있어요. 안전벨트의 아래쪽 부분은 골반과 골반을 연결하는 위치에 매야 해요. 배 쪽에 연결하면 사고가 났을 때 더 많이 다칠 수 있어요.

어른이 하는 안전벨트는 어린이 몸에 맞지 않아서 목에 걸치기도 하는데 사고가 났을 때 아주 위험하답니다. 아기나 어린이는 키와 몸이 어느 정도 커질 때까지 카시트에 앉아야 해요. 카시트에는 아이들 체형에 맞는 별도의 안전벨트가 달려 있어요.

임산부의 안전벨트 매는 법

아이를 가진 임산부는 페달을 편안하게 밟을 수 있도록 배와 운전대의 간격을 적당히 유지해야 해요. 허리 부분 벨트는 허벅지 위로 잡아 당겨 채운 뒤 팽팽하게 당겨요. 이때 배 부분을 가로지르지 않아야 해요. 상체 벨트는 가슴 사이를 가로질러 복부 측면 쪽에 놓이도록 한 뒤 팽팽하게 잡아당겨요. 어깨 벨트는 팔 아래나 등 뒤로 지나가지 않게 해야 임산부와 태아 모두 부상을 입지 않는답니다.

자동차 번호판 색깔은 왜 다를까요?

모든 자동차에는 고유 번호가 있어요. 바로 자동차 번호죠. 자동차는 앞과 뒤에 이 번호가 새겨진 번호판을 반드시 붙여야 해요. 번호판이 없는 차는 도로를 주행해선 안 돼요. 그런데 번호판은 색깔과 모양이 조금씩 달라요. 어떤 차이가 있을까요?

🚗 누구 자동차인지 구분해줘요

집은 계속해서 그 안에서 사람이 살고 한 곳에 서 있어서 따로 구분하는 표시를 하지 않아도 돼요. 자동차는 계속해서 이동하므로 어느 곳에서도 누구 차인지 알 수 있게 구분해줘야 해요. 인기 있는 차는 1년에 10만 대씩 팔려요. 적어도 도로에는 색상과 모양이 같은 차가 수천 대 있다는 뜻이죠. 확실하게 누구 차인지 구분해줘야 한답니다.

    자동차를 사면 누구나 번호판을 달아야 도로를 달릴 수 있어요. 번호판이 없는 차는 도로로 나갈 수 없어요. 처음 자동차를 사면 임시번호판을 붙여줘요. 임시번호판이 달렸을 때 차에 이상이 생기면 차를 바꿀 수 있어요. 임시번호판을 계속해서 달고 다니지는 못해요. 10일에서 2년의 시일이 지나면 정식 번호판으로 바꿔줘야 해요.

원하는 자동차 번호를 얻을 수 없어요

우리나라에서는 자동차를 등록하러 가면 10개의 번호를 주고 그중에서 고르도록 하죠. 외국 일부 국가에서는 돈을 내면 자기가 원하는 번호를 얻을 수 있어요. 우리나라 번호판은 숫자로 되어 있어요. 중간에 한 글자만 한글로 표시해요. 어떤 나라는 문자로 번호를 내줘요. 자기가 원하는 문자로 번호를 만들 수도 있어요. 예를 들어 'I♥YOU'라고 새긴 번호판을 받는 거죠. 이름으로 만든 번호판이 나올 수도 있답니다.

번호판 색상의 의미

요즘 자동차의 일반적인 번호판은 하얀색이에요. 녹색 번호판은 예전에 나온 번호판이에요. 지금은 녹색 번호판을 새로 받을 수 없지요.

노란색 번호판은 상용차에 사용해요. 버스, 택시, 트럭 등 영업용 자동차에 주로 붙죠. 버스와 트럭에 하얀색 번호판이 붙기도 하는데 업무용이지만 개인이 등록한 차를 나타내요. 중장비나 덤프트럭은 주황색 번호판을 달아요. 특수한 번호판으로는 외교관 번호판이 있어요. 번호판이 남색이랍니다. 군대에서 쓰는 차는 하얀 번호판이지만 글자에 군대를 나타내는 글자가 쓰여 있어요. 전기차에는 파란색 번호판을 사용해요.

번호판은 신분증과 같아요

번호판의 모양은 두 종류예요. 가로로 긴 것과 좀 짧은 것이죠. 자동차의 번호판 붙이는 곳 모양에 따라 골라 달 수 있어요. 국내에서 만드는 차는 전부 가로로 긴 번호판을 달고 나와요. 일부 수입차는 그 나라 번호판 모양에 맞춰 나와서 가로가 짧은 번호판을 달 수밖에 없기도 해요.

번호판은 어떤 차가 누구의 것인지 나타내는 역할 외에 다른 일도 해요. 과속 카메라는 번호판을 찍어서 단속한답니다. 자동차를 이용한 사고가 발생했을 때에도 번호판을 보고 범인을 잡아요.

타이어가 펑크 나도
달릴 수 있나요?

자동차 바퀴는 금속으로 만든 단단한 휠의 겉을 고무로 만든 타이어가 감싸고 있어요. 타이어는 도로와 자동차의 차체를 이어주지요. 타이어 특성에 따라 승차감이나 운동 성능이 달라진답니다. 도로에는 이물질이 많아서 타이어에 펑크가 발생하기도 해요.

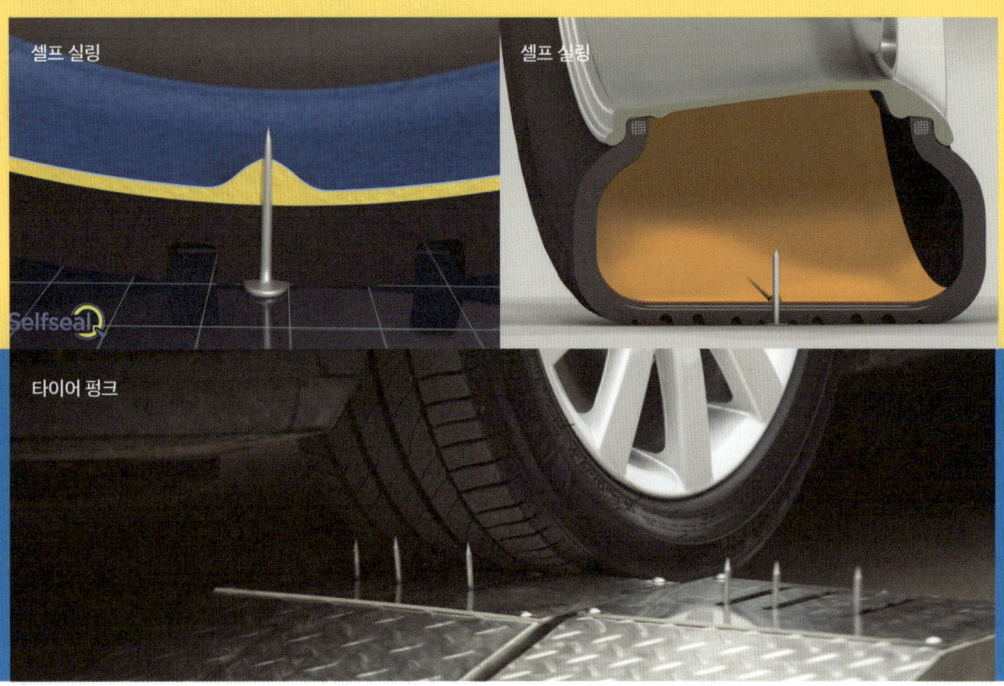

셀프 실링

셀프 실링

타이어 펑크

🚗 중요하지만 연약한 바퀴

바퀴가 단단하면 차가 쿵쾅거려서 사람이 타기 힘들어요. 푹신하게 하기 위해서 타이어는 고무로 만들어요. 그러나 고무는 쉽게 상처가 나요. 못 같은 뾰족한 물체에 찔릴 수도 있고 튀어 나온 부분을 치고 지나가면 찢어지기도 해요. 타이어에 바람이 갑자기 빠지면 차가 균형을 잃어서 아주 위험한 상황에 빠질 수 있어요. 갑자기 빠지지 않더라도 바람이 조금씩 새면 균형이 흐트러져서 차의 움직임이 이상해져요.

🛞 안전한 런플랫 타이어

타이어에 구멍이 나면 응급조치를 해줘야 해요. 차에 실려 있는 예비용 타이어로 갈아 끼우든가 수리 키트로 땜질하는 작업이 필요하죠. 직접 하기 힘들 때는 보험사를 불러요. 이런 번거로운 일을 피하고자 런플랫 타이어가 개발됐어요.

런플랫 타이어를 끼우면 펑크가 나도 시속 80km 속도로 달릴 수 있어요. 타이어 안에 고무를 보강해 펑크가 나도 타이어 모양이 흐트러지지 않게 하는 원리예요. 사고 위험을 줄이는 것 외에 또 다른 장점도 있는데, 예비 타이어나 펑크 수리 키트가 필요 없어요. 타이어 교체 도구를 차에 싣고 다니지 않아도 되어서 차 무게를 줄이고 공간을 확보할 수 있어요.

단점도 있답니다. 타이어 안에 고무를 보강해서 일반 타이어보다 단단해요. 도로에서 올라오는 충격이 더 많이 전달되어서 승차감이 나빠지기도 해요. BMW는 런플랫 타이어를 쓰는 대표적인 업체예요.

> **펑크를 예방하는 일도 중요해요**
>
> 타이어 공기압을 수시로 체크해야 타이어에 이상이 있는지 없는지 확인할 수 있어요. 타이어에 들어 있는 공기의 양은 적절해야 해요. 공기가 너무 많거나 적은 상태로 오래 달리면 타이어에 무리가 가서 펑크가 나기 쉽답니다.

🛞 스스로 치료하는 타이어

스스로 손상 부위를 치료하는 타이어도 있어요. 스스로 막는다고 해서 '셀프 실링' 타이어라고 해요. 타이어에 구멍이 생기면 안에 발라져 있던 물질이 자동으로 구멍이 생긴 곳으로 모여들어서 막는답니다. 런플랫 타이어는 펑크가 나면 나중에 수리받아야 하지만 셀프 실링 타이어는 계속해서 써도 돼요. 공기 없는 타이어도 개발됐어요. 공기가 없으니 펑크가 날 일도 없답니다. 구조는 살이 달린 수레바퀴와 비슷해요.

> **운전 중에 펑크가 나면**
>
> 타이어에 펑크가 나면 바람이 급하게 또는 아주 서서히 빠져요. 자동차가 빨리 달리고 있을 때 바람이 급하게 빠지면 위험해요. 그때도 당황하지 말고 침착하게 대처하면 안전을 유지할 수 있어요. 2015년에 교통안전공단이 실험한 결과를 보면, 시속 100km로 달리다 앞바퀴에 펑크가 났을 때 운전자가 깜짝 놀라 브레이크를 급하게 밟으면 차가 뒤집힐 위험이 커요. 서서히 속력을 줄이면 차가 기울어지긴 해도 방향을 조절할 수 있어요. 갓길로 안전하게 이동하면 된답니다.

타이어는 왜 검은색일까요?

자동차의 색상은 매우 다양해요. 빨간색, 노란색, 연두색 등 화려한 색상도 많이 사용하지만, 아무리 개성 넘치는 자동차라고 해도 타이어는 늘 검은색이에요. 아스팔트 도로가 검은색이라 때가 묻을까 봐 타이어를 검은색으로만 만드는 건 아니겠죠?

타이어는 모두 검은색이에요

특이하게도 검은색이 아닌 타이어는 볼 수 없어요. 타이어는 천연고무나 합성고무로 만들어요. 그것만 가지고는 원하는 특성을 얻을 수 없어서 특별한 물질을 집어넣는답니다. 그중에 가장 많이 들어가는 물질이 카본블랙이에요. 석유에서 뽑아낸 물질인데 검은 가루 형태예요. 카본블랙은 고무와 결합해서 타이어가 도로 위를 굴러다닐 수 있도록 튼튼하게 만드는 역할을 한답니다.

타이어가 처음 발명됐을 때부터 검은색은 아니었어요. 카본블랙을 쓰지 않던 시절에는 산화아연이라는 물질을 타이어의 보강제로 썼어요. 이 물질은 하얀색이어서 그때 나온 타이어는 하얀색

비전 콘셉트 타이어

이었어요. 1910년에 카본블랙이 타이어에 적합한 물질이라는 사실이 밝혀지면서 이후에 나오는 타이어는 모두 검은색이 됐답니다.

다른 색깔의 타이어

검은색이 아닌 타이어도 만들 수는 있어요. 카본블랙 대신 실리카라는 물질을 쓰면 타이어 색이 달라져요. 그렇지만 만드는 과정이 까다롭고 비용이 많이 들어서 거의 쓰이지 않아요. 실리카 외에 하얀색 첨가물도 있어요. 타이어를 하얗게 만들 수 있지만 카본블랙을 쓴 타이어보다 성능이 떨어져서 제품으로 만들지 않아요.

고무의 친구, 카본블랙

카본블랙은 석유나 천연가스 등 탄소를 포함하는 물질을 불완전 연소시켰을 때 그을음처럼 나와요. 탄소의 미립자로 아주 진한 검은색이죠. 특이하게도 고무에 이것을 섞으면 고무가 더 단단해지고 내구성도 엄청나게 높아져요. 입자가 가는 카본블랙을 첨가하면 튼튼한 타이어가, 입자가 굵은 카본블랙을 첨가하면 유연한 타이어가 만들어져요.

첨단 기술이 만들어냈어요

타이어는 검은 동그라미에 불과하지만 복잡한 기술이 많이 담겨 있어요. 타이어의 크기나 표면 무늬는 차의 성능에 아주 큰 영향을 미친답니다. 겉에 보이는 검은색 고무 안에는 다양한 물질이 들어 있어요. 계절에 맞게 타이어 종류가 나뉘고, 스포츠카처럼 힘이 좋은 차는 그에 맞는 타이어를 따로 사용해요. 경주용 자동차에 쓰는 타이어는 표면에 홈이 없고 매끈하게 생긴 것도 있어요. 타이어는 첨단 기술의 결정체랍니다.

닛산 Z

예비 타이어가 있는 이유

타이어는 고무여서 뾰족한 물질에 찔리면 펑크가 나기 쉬워요. 펑크에 대비해서 자동차는 예비 타이어를 하나 더 싣고 다녀요. 어떤 타이어는 펑크가 나도 바람이 쉽게 빠지지 않아요. 타이어를 갈아 끼우지 않고도 어느 정도 거리는 계속해서 달릴 수 있답니다.

타이어 안에 들어 있는 공기의 압력을 일정하게 유지해야 자동차가 제 성능을 발휘해요. 압력에 이상이 있으면 타이어가 펑크 나서 사고가 나기 쉬워요. 요즘 차에는 타이어의 압력을 확인할 수 있는 장치가 달려 나와요.

노란색 불빛에서 흰색으로, 헤드라이트의 변화

자동차는 램프를 달아 앞을 비추며 밤길을 달려요. 자동차 역사에서 처음 나온 헤드라이트는 등잔을 사용했어요. 등잔불은 쉽게 꺼질 수 있어서 불꽃이 쉽게 꺼지지 않는 아세틸렌이나 오일을 사용했어요.

🚗 할로겐전구에서 레이저까지

지금처럼 전기를 사용하는 헤드라이트는 1898년에 등장했어요. 헤드라이트도 전구여서 전구와 같이 발전했답니다. 자동차의 기본적인 헤드라이트는 할로겐전구예요. 할로겐도 백열전구의 한 종류예요. 1962년부터 쓰기 시작했답니다.

할로겐보다 더 발전한 형태가 HID예요. 할로겐이 백열전구의 일종이라면 HID는 형광등과 비슷하다고 보면 돼요. 1991년 BMW 7시리즈에 달려나왔어요. HID는 할로겐전구보다 밝아서 밤에 더 환하게 앞을 비춰요. 전기를 적게 쓰고 수명도 길어요.

요즘에는 LED를 많이 써요. LED는 발광다이오드를 말하는데, 빛을 내는 작은 소재예요. LED는 빛의 양이 크지 않아

LED 헤드라이트

서 처음에는 브레이크등이나 실내등처럼 밝은 빛이 필요하지 않은 부분에 주로 사용했어요. 기술이 발달해서 이제는 헤드라이트에도 LED가 들어가요. 보급 초기만 해도 비싼 장비여서 일부 고급차에만 들어갔는데, 지금은 대중차에도 널리 쓰여요. LED는 수명이 길고 전기를 아주 적게 먹어요. 최신 헤드라이트는 레이저예요. 빛이 멀리까지 도달해서 600m 앞쪽까지 비출 수 있어요.

헤드라이트 매너

헤드라이트에는 상향등 기능이 있어요. 어두운 밤에 상향등을 켜면 더 멀리까지 밝게 비출 수 있어 편리하죠. 맞은편에 차가 오면 바로 상향등을 꺼야 해요. 자동차 불빛이 맞은편 운전자의 정면을 비춰서 운전에 크게 방해가 되기 때문이죠. 요즘에는 맞은편 차가 눈부시지 않도록 빛이 비치는 방향을 자동으로 조절하는 기능도 있답니다.

🚗 진화하는 헤드라이트

지금까지 헤드라이트는 단순히 자동차의 앞을 밝히는 역할만 했어요. 이제는 차가 왼쪽이나 오른쪽으로 돌 때 헤드라이트가 같이 돌아서 야간 시야를 더 넓혀주기도 해요.

헤드라이트 불빛으로 그래픽을 표시하는 기능도 생겼어요. 진행 방향 도로에 화살표를 그려 안내하거나 차에 타고 내릴 때 빛으로 환영 표시를 하는 등 다양한 기능을 해내요.

BMW 레이저 라이트

어두울 땐 반드시 켜야 해요

헤드라이트는 어두워지면 반드시 켜야 해요. 법으로도 헤드라이트를 켜는 시간을 정해놓았어요. 도시처럼 밝은 데서는 헤드라이트를 켜지 않아도 운전을 할 수 있어요. 그런데 헤드라이트를 켜지 않으면 다른 차들이 켜지 않은 차를 잘 알아볼 수 없어요. 헤드라이트는 앞을 비추는 기능과 함께 자신의 존재를 알리는 도구랍니다.
흐린 날이 많은 유럽에서는 낮에도 헤드라이트를 켜고 다니도록 해요. 자동차에는 헤드라이트 '오토' 기능이 있어요. 어두워지면 자동으로 알아서 켜진답니다.

트렁크가 앞에도 달렸어요

자동차의 공간은 세 곳으로 나뉘어요. 엔진이 들어 있는 엔진룸, 사람이 타는 캐빈, 짐을 싣는 트렁크예요. 보통 엔진은 앞에, 트렁크는 뒤에 있어요. 차에 짐을 싣고 내린다고 하면, 뒤쪽에 달린 트렁크 문을 열고 짐을 싣고 내리는 모습이 익숙해요. 일반적인 차 구조를 보면 짐을 실을 공간을 차 뒤에 만들 수밖에 없어요.

포드 F-150 라이트닝

🦀 전기차의 앞에 달린 트렁크, 프렁크

트렁크는 당연히 뒤에 있어야 한다는 생각이 들어요. 상식을 깨고 앞에 달린 트렁크도 있어요. 엔진이 가운데나 뒤에 달린 스포츠카는 뒤에 트렁크를 만들 공간이 없어요. 대신 앞에 엔진이 없어서 트렁크를 앞에 만들어요. 뒤에 달린 트렁크만큼 크기가 크지 않아서 주로 작은 짐을 싣는 용도로 사용해요. 트렁크가 앞에 달린 스포츠카 수는 많지 않아서 특별한 사례로 여겨졌어요.

전기차가 늘어나면서 '프렁크frunk'라는 새로운 용어가 생겼어요. 프렁크는 앞front에 달린 트렁크trunk를 가리키는 말이에요. 전기차는 엔진 대신 전기 모터를 사용해요. 전기 모터는 엔진보다 크기가 작고 위치도 바퀴 근처에 자리 잡아요. 엔진이 있던 자리에는 여유 공간이 생겨요. 전기차는 이곳을 트렁크로 활용해요. 전기차도 일반 자동차와 형태는 같아서 뒤에도 트렁크가 있어요. 앞뒤에 트렁크가 있으니 활용할 공간이 더 늘어나는 거예요.

프렁크는 유용하게 쓸 수 있는 공간이지만 아직은 보조 역할에 그쳐요

프렁크가 단순해 보여도 만들려면 고려해야 할 사항이 많아요. 설치할지 말지, 설치한다면 크기와 형태는 어떻게 할지, 주변을 둘러싼 장비의 배치는 어떻게 할지, 짐을 실었을 때 흔들리거나 소리가 나지 않게 하려면 어떻게 해야 할지, 무게 배분에 영향을 미치지는 않을지, 정비하는 데 불편한 요소로 작용하지는 않을지 따져야 해요. 차의 성격과 용도에도 맞아야 해서 모든 전기차에 프렁크가 달려 나오지는 않아요.

프렁크 크기가 더 큰 전기차 라이트닝

엔진이 없더라도 자동차 앞쪽에는 각종 장치가 있어서 뒤쪽만큼 공간을 뽑아내기가 쉽지 않아요. 전기차 기술이 발달하고 차종이 늘어나면서 프렁크 크기를 키운 차도 하나둘 나오고 있어요. 포드 F-150 라이트닝 전기차의 프렁크 공간은 400L로 다른 전기차와 비교해서 큰 편이에요. 소형 세단의 트렁크가 400L가 좀 넘으니, 차 한 대분 트렁크가 앞쪽에 하나 더 있는 셈이에요.

수납공간이 뻥 뚫려 있는 전기차 픽업트럭 R1T

전기차는 구조가 간단해서 엔진을 쓰는 내연기관 자동차보다 부품이 30% 정도 덜 들어가요. 그만큼 활용할 공간이 생기는 거예요. 전기차를 만드는 회사들은 프렁크 외에도 활용할 공간을 만들어내고 있어요. 리비안 전기차 픽업트럭 R1T를 보면 적재함과 실내 공간 사이에 차체 옆을 가로지르는 수납공간이 뻥 뚫려 있어요. 전기차가 더 늘어나면 기발한 수납공간도 더 많아질 거예요.

자동차의 힘,
마력과 토크

자동차의 힘은 엔진에서 나와요. 엔진 안에서 연료가 폭발하면서 힘이 생기죠. 자동차의 힘은 마력과 토크로 표현해요. 마력은 자동차가 낼 수 있는 최대 힘이고, 토크는 순간적으로 나오는 힘이랍니다.

🚙 자동차 엔진의 힘을 나타내는 마력

자동차는 강한 힘을 내요. 자동차의 힘은 곧 엔진의 힘이라고 할 수 있어요. 엔진의 힘은 마력으로 나타낸답니다. '마력馬力'의 한자를 풀이하면 '말의 힘'이에요. 1마력은 말 한 마리가 내는 힘이에요.

　마력이라는 단위는 영국에서 처음 썼어요. 제임스 와트가 증기기관을 발명하고 나서 힘을 나타낼 단위가 필요했어요. 당시에는 마차를 끄는 말이 가장 힘이 세서 말을 힘의 단위로 쓰기로 했어요. 1마력은 '1765년산 영국산 말 한 마리가 내는 힘'으로 정했어요. 짐마차를 끄는 말이 1분 동안 내는 힘을 가리켜요. 마력은 HP라고도 하는데 'Horse Power(말의 힘)'의 줄임말이에요.

🚗 자동차의 두 가지 힘

자동차의 힘은 크게 마력과 토크, 두 가지로 나뉘어요. 마력은 자동차가 낼 수 있는 최대 힘이고, 토크는 순간적으로 낼 수 있는 힘이랍니다. 마력은 100m 육상선수를 생각하면 돼요. 체격은 크지 않아도 빠르게 속도를 낼 수 있어요. 토크는 씨름 선수예요. 빨리 달리지는 못해도 순간적으로 내치는 힘이 아주 크죠.

👞 코끼리가 강한가요, 덤프트럭이 강한가요?

코끼리는 육상 동물 중에 가장 힘이 센 동물이에요. 몸무게는 몇 톤이 나갈 정도로 무거워요. 아주 옛날에는 코끼리가 전쟁터에 나가기도 했어요. 코끼리는 힘이 세서 적진을 돌파해 적군을 뿔뿔이 흩어놓았고 해요 공포에 떨게 했답니다. 전쟁터 외에도 코끼리는 건축 현장에서도 힘을 썼다고 해요. 돌기둥처럼 무거운 자재를 잘 들어 올려서 사람 대신 힘을 쓰는 일에 투입했어요.

코끼리는 요즘으로 치면 덤프트럭 같은 존재예요. 자동차 중에는 덤프트럭이 아주 큰 차예요. 차 무게만 10톤이 넘고 짐을 실으면 20~40톤의 무게가 나가요. 코끼리는 5톤 안팎이에요. 힘이 좋은 덤프트럭의 출력은 500마력이 넘어요. 말 500마리의 힘과 같은 셈이죠. 코끼리 한 마리가 500마리의 말을 상대하기는 힘들겠죠? 줄다리기로 대결하지 않는 이상 코끼리와 덤프트럭 중 누가 센지 가리기 힘들어요.

> **중형차와 160마력**
>
> 도로에서 흔히 보는 쏘나타나 K5 같은 가솔린 중형 세단에는 2.0L 엔진을 얹어요. 그 정도면 보통 160마력 안팎의 힘을 내요. 말 160마리가 끄는 힘이라고 할 수 있는데 정확하게 말의 힘과 일치하지는 않아요. 요즘 말은 그때 말보다 힘도 더 세져서 옛날 기준을 그대로 적용할 수 없어요. 힘이 160마력이면 160마리의 말과 줄다리기하면 막상막하일까요? 엔진의 힘은 자동차 바퀴로 전부 전달되지는 않아요. 바퀴로 전달되는 동안 사라지는 힘도 있어서 실제 힘은 엔진의 힘보다 작아요.

가솔린은 휘발유,
디젤은 경유라고 불러요

자동차는 기름으로 달려요. 부모님이 자동차를 몰고 가다가 기름이 떨어지면 주유소에 들려요. 기름이 떨어지면 달릴 수 없거든요. 주유소를 자세히 살펴보면 두 가지 기름이 있어요. 바로 가솔린과 디젤이에요.

현대 스타리아

🚙 자동차가 먹는 기름의 종류는 두 가지예요

가솔린은 휘발유, 디젤은 경유라고 불러요. 두 기름은 모두 석유에서 나왔지만 서로 성격이 다르답니다. 땅속에서 끌어 올린 원유는 수백 가지 성분으로 이루어져 있어요. 원유를 끓이면 온도에 따라 분리되어 나오는 기름이 달라져요. 여기서 가솔린과 디젤이 나뉜답니다.

  두 기름의 성분은 달라서 같은 차에 동시에 넣으면 안 돼요. 꼭 구분해서 넣어줘야 해요. 주유소에서 가솔린은 노란 손잡이, 디젤은 녹색 손잡이로 구분해놓았어요. 기름이 들어가는 주유구의 크기도 다르게 해놓아서 실수로 다른 기름이 들어가지 않게 한답니다. 만일 가솔린 자동차에 디젤을 넣으면 엔진을 비롯한 기름이 지나가는 부품 전부를 못 쓰게 되죠. 차를 고치는 데 아주 큰돈이 든답니다.

🍫 트럭은 디젤 엔진을 써요

가솔린과 디젤은 완전히 다른 기름이라고 보면 돼요. 가솔린은 쓰지 못하고 날아가는 열이 꽤 많아요. 디젤은 가솔린보다는 버려지는 에너지가 적어요. 보통 가솔린을 태우면 25% 정도를 실제 에너지로 쓸 수 있어요. 디젤은 40% 정도 되어서 연비가 훨씬 좋답니다. 디젤은 가솔린보다 엔진 안에서 폭발하는 힘이 강해서 소리도 크고 진동도 심하죠. 시꺼먼 매연도 많이 나와요. 디젤은 힘이 좋아서 큰 차에 많이 써요. 작은 트럭부터 덤프트럭처럼 큰 차도 디젤로 달려요. 자동차뿐 아니라 기차나 배도 디젤로 움직인답니다.

🚗 승용차에는 주로 가솔린을 써요

가솔린 엔진은 조용하고 진동이 적어서 사람이 주로 타는 승용차에는 가솔린을 써요. 디젤 엔진도 예전과 달리 많이 조용해지고 진동이 줄어서 승용차에도 디젤을 쓴답니다. 특히 차체가 크고 무겁고 짐을 싣는 데 초점을 맞춘 SUV에는 큰 힘이 필요해서 디젤 엔진을 얹어요. 기술 발달로 디젤 엔진이 내뿜는 오염물질이 줄어들면서 디젤 승용차도 늘었어요. 하지만 디젤의 오염물질을 줄이는 데 한계가 있어서 점점 강화되는 환경 규제를 맞추기 힘들어졌어요. 하이브리드나 전기차 같은 친환경차 시장이 커지면서 디젤 승용차는 점점 줄어들고 있어요.

미국에서는 디젤차를 잘 타지 않아요. 기름값도 가솔린과 디젤에 큰 차이가 없어요. 덩치 큰 SUV나 소형 트럭 정도는 대부분 가솔린 엔진으로 달려요. 가까운 일본에도 승용차에는 디젤을 거의 쓰지 않는답니다.

가솔린 엔진의 단점을 개선한 디젤 엔진

독일의 기계공학자 루돌프 디젤은 가솔린 엔진이 열 손실이 커서 힘이 적다는 사실을 알고, 성능이 더 좋은 엔진을 개발하려고 했어요. 가솔린 엔진은 공기에 연료를 섞어 연소하는 방식이어서 손실이 컸던 거죠. 디젤은 공기만을 압축해 고온으로 만든 뒤에 연료를 뿜어서 저절로 폭발하게 하는 엔진을 개발했어요. 자기 이름을 붙인 디젤 엔진을 발명한 디젤은 순식간에 최고의 부자가 되었답니다.

스포츠카는 왜 시끄러운 소리를 낼까요?

자동차 엔진 소리는 시끄러워요. 엔진 소리를 비롯해 차에서 이런저런 소음이 발생하면 불쾌해져요. 자동차 회사들은 차를 조용하게 만들려고 노력한답니다. 얼마나 조용한가로 차를 잘 만들었냐 아니냐를 따지기도 해요.

맥라렌 720S

🚗 자동차 소리가 큰 이유

자동차는 엔진의 힘으로 달려요. 엔진은 안에 들어온 연료가 폭발하면서 힘을 내는 구조로 돼 있어요. 연료가 폭발할 때는 엄청난 소리가 나요. 자동차를 타고 있을 때는 이 소리가 잘 들리지 않아요. 밖에서도 소리는 아주 작게 들린답니다. 소리가 밖으로 빠져나가는 동안 여러 장치를 거치면서 소음이 줄어들어서 그래요.

👟 좋은 소리로 바꾸기도 해요

엔진 소리를 줄이듯이 소리를 바꿀 수도 있어요. 듣기 좋은 소리로 바뀐 엔진 소리는 차의 특색이 되기도 한답니다. 소리가 지나가는 길의 부품과 장치를 잘 설계하면 좋은 소리를 낼 수 있어요. 포르쉐, 마세라티, 페라리는 이런 소리가 좋은 차예요. 요즘에는 기계 장치 설계는 손을 대지 않고 일부러 스피커로 음을 만들기도 해요. 가짜 소리로 경쾌한 엔진 소리를 나게 한답니다.

오토바이는 자동차보다 작으면서도 소리는 더 커요. 자동차는 소리를 줄이는 여러 장치를 설치할 공간이 충분하지만 오토바이는 그렇지 못해요.

전기차는 조용한 차로 통해요. 전기차는 엔진이 아니라 모터로 움직여요. 모터는 엔진과 달리 소리가 많이 나지 않아요. 지하철을 타면 들리는 '지잉~' 하는 소리는 모터가 돌아가는 소리예요. 사람이 많은 곳에서 자동차 소리가 들리지 않으면 차 밖 사람들이 주변에 차가 있는지 알아차리지 못해요. 어떤 전기차는 안전을 이유로 자동차 엔진 소리가 나게 만들기도 해요.

> **엔진 사운드 디자이너**
>
> 자동차에 시동을 걸면 부릉부릉 소리가 나요. 연료가 폭발하니 어쩔 수 없이 소리가 나죠. 소리를 막을 수는 없지만 소리의 품질은 원하는 대로 바꿀 수 있어요. 엔진 소리를 섬세하게 조율하는 사람이 바로 엔진 사운드 디자이너랍니다. 자동차 엔진 소리는 곧 브랜드의 특성이기도 해요. 유명한 브랜드일수록 자동차 엔진 소음을 세심하게 조율해요. 엔진 기술자뿐 아니라 지휘자나 작곡가 같은 전문 음악인도 참여해 엔진 소리를 디자인한답니다.

🚗 스포츠카의 엔진 소리는 일부러 크게 만들어요

스포츠카는 아주 강하고 빠른 특성을 소리로도 드러내요. 엔진 소리를 잘 다듬어서 적당히 강조하면 역동적인 분위기가 나지요. 힘이나 속도를 강조하는 차는 엔진 소리가 어느 정도 들리게 만들어요. 달릴 때 아주 경쾌한 기분을 느낄 수 있답니다.

서킷에서만 달리는 경주차는 아예 엔진 소리를 그대로 놔둬요. 귀마개를 껴야 할 정도로 소리가 크답니다. 자동차 경주 대회의 분위기를 살리려고 일부러 소리를 조절하지 않아요. 경기장이 시끌벅적해야 분위기도 살고, 경주차 소리가 크게 들려야 관중들도 흥분해요.

파가니 유토피아

비행기보다 빠른 자동차

자동차의 매력은 빠른 속도에 있어요. 자동차의 기술력을 평가하는 기준 중 하나는 빠른 속도예요. 바람처럼 빨리 달리고 싶은 것은 인간의 욕망이기도 하죠. 과학기술의 발달과 인간의 욕망이 만나 소리보다 빠른 자동차가 탄생했답니다.

블러드하운드 SSC

코닉세그 제메라

부가티 시론 슈퍼스포츠 300

🚗 속도의 역사

자동차 속도 기록은 일반 자동차로는 한계가 있어요. 현재 시중에서 판매되고 있는 차 중에 가장 빠른 차는 부가티라는 회사에서 만든 시론 슈퍼 스포츠 300+라는 차예요. 최고 시속 490.8km를 기록했어요. 실제 판매 모델의 속도는 시속 440km로 세한돼요. 서울에서 부산까지 한 시간 만에 달릴 수 있는 어마어마한 속도죠. 판매용 차 중에 가장 먼저 시속 400km를 넘긴 차는 부가티 베이론이에요. 시속 400km만 넘어도 15분 동안 달리면 타이어가 녹아서 달리기 힘들어져요. 그전에 12분이면 연료가 바닥나서 달릴 수 없답니다.

자동차가 발명된 이후 속도 기록 측정은 계속됐어요. 1910년에는 벤츠 자동차가 시속 200km를 처음으로 넘겼어요. 1927년에는 시속 300km를 돌파하는 자동차가 나왔답니다. 시속 400km는 1933년에 깨졌어요. 그때 기록을 세운 차는 일반 자동차가 아니었어요. 12기통 36.5L나 되는 아주 큰 비행기 엔진으로 만든 속도 기록용 자동차로 세운 기록이에요.

🏎 소리보다 빠른 자동차

속도 기록용 차는 오직 속도만을 위해 만든 차예요. 속도를 잘 내기 위해 공기역학을 고려해서 디자인하죠. 대부분 속도 기록용 차는 가장 빠른 속도를 낼 수 있는 로켓 모양으로 나와요. 바퀴 달린 로켓이라고 보면 돼요. 영국에서 만든 스러스트 SSC라는 속도 기록용 차는 시속 1227.985km라는 아주 빠른 속도를 기록했어요. 평균 시속 900km인 비행기보다 빠른 속도죠.

소리는 1초에 340m를 가요. 시속으로 따지면 1224km죠. 이보다 빠르면 소리의 속도를 초월했다고 해서 '초음속'이라고 불러요. 비행기도 대부분 초음속을 넘지 못해요. 스러스트 SSC는 지상에서 최초로 음속을 넘긴 차 기록을 세웠어요. SSC를 만든 사람들은 시속 1000마일 도전 계획을 세웠어요. 시속 1000마일이면 한 시간에 1600km를 달리는 엄청난 속도예요.

이런 속도 기록 자동차는 무엇보다 공중에 뜨지 않는 게 중요해요. 보통 비행기는 시속 240km 정도만 되면 공중으로 뜰 수 있어요. 스러스트 SSC는 이미 시속 1000km는 거뜬히 넘기 때문에 오히려 바닥에 잘 달라붙어 달리게 하는 기술이 필요해요. 속도 기록용 자동차는 자동차의 단계를 뛰어넘었어요. 지상을 달리는 로켓이어서 자동차와 우주항공 기술이 두루 적용된답니다.

속도 테스트는 어디서 하나요?

속도 기록용 자동차를 테스트하려면 아주 긴 직선도로가 있어야 해요. 순식간에 어마어마한 거리를 달리기 때문이죠. 그런 도로는 찾기가 쉽지 않아요. 속도 기록은 사막이나 소금 호수, 모래가 단단한 해변 등 일반 도로가 아닌 곳에서 주로 이루어지고 있답니다.

자동차가 빠를까요, 오토바이가 빠를까요?

자동차 속도의 기준은 두 가지가 있어요. 얼마나 빠른 속도로 달릴 수 있는지와 시속 100km에 도달하는 시간이 얼마나 짧은가예요. 단숨에 시속 100km 넘는 속도로 달리고, 최고 속도도 빠르면 금상첨화겠죠?

🚗 속도는 한 시간에 달린 거리를 숫자로 나타내요

달리는 물체의 빠른 정도는 속도로 표시해요. 자동차나 오토바이도 빠르게 달리는 물체예요. 속도는 한 시간에 얼마만큼의 거리를 달릴 수 있는지를 숫자로 나타내요. 1.0L 엔진을 얹은 경차는 최고 속도를 내면 시속 160km 정도까지 나와요. 한 시간에 160km의 거리를 갈 수 있는 속도죠. 이 속도로 계속 달리기는 힘들어요. 전속력으로 계속해서 달리면 차에 무리가 가요. 온힘을 다해 달리면 오래 달릴 수 없는 것과 같아요.

좀 더 크고 빠른 차들은 시속 200km는 거뜬히 넘긴답니다. 시속 300km를 넘기는 차는 그리 많지 않아요. 스포츠카나 고성능 차 등 엔진이 강력한 차들이 빠른 속도를 내요. 시속 300km를 넘길 수 있어도 일반 도로에서 빠르게 달리면 위험에 빠지기 쉬워요. 자동차 회사는 이런 빠른 차에 속도제한장치를 달아요. 보통 시속 250km 이상 나오지 않게 한답니다. 어떤 지역은 시속 210km에 제한을 걸기도 해요.

🚗 속도의 한계에 도전하는 자동차

가장 빠른 차 부가티 시론은 시속 300km를 내는 KTX보다 빨라요. 시속 400km를 넘기는 차는 극히 드물지만 몇 대 있답니다. 단순히 속도 기록만을 위한 차는 시속 1000km를 넘기기도 해요. 소리의 속도인 음속에 이르는 아주 빠른 속도예요. 파는 차가 아니지만 도로를 달릴 수 있고 오직 속도 기록만을 위한 차라 이동수단의 역할은 해내지 못해요.

> **속도 무제한 고속도로, 아우토반**
>
> 자동차들이 아주 빠른 속도를 내도 일반 도로에서는 제한 속도를 넘기면 안 돼요. 제한속도는 자동차의 안전을 보장하는 속도랍니다. 우리나라 일반 도로는 제한 속도가 시속 60~80km, 고속도로는 100~110km예요. 독일에는 아우토반이라는 고속도로가 있어요. 속도제한이 없어요. 아우토반에서는 자동차들이 최고 속도를 내며 달릴 수 있답니다.

시속 100km에 도달하는 데 걸리는 시간도 자동차의 성능을 나타내요. 최고로 낼 수 있는 속도가 빨라도 시속 100km 도달 시간은 느릴 수 있어요. 아주 빠른 스포츠카는 정지 상태에서 시속 100km까지 도달하는 데 2초대 시간이 걸려요. 보통 빠른 축에 속하는 차는 3~4초대예요. 5~6초만 돼도 고성능으로 분류할 수 있어요. 우리 주변에 흔히 타는 일반적인 차는 보통 10초 이상 걸려요.

🏍 오토바이가 자동차보다 빨라요

오토바이는 자동차보다 느릴 것 같지만 가속은 더 빨라요. 정지 상태에서 시속 100km 도달하는 시간이 2초 대인 모델이 꽤 많아요. 자동차는 2초대 차가 드물어요. 공식적으로 가장 빠른 오토바이는 최고 속도는 시속 440km까지 올라가요. 시속 300km를 넘기는 오토바이도 여럿 있답니다. 오토바이는 자동차보다도 빨리 달릴 수 있지만 바퀴가 2개라서 안정성은 자동차보다 떨어져요. 한때 유럽과 일본의 오토바이 회사들은 안전을 위해 시속 300km를 넘기는 오토바이는 생산하지 않기도 했어요.

최소 30~40년 된 차, 클래식카

몇 번 사용하면 더 쓸 수 없어서 버려야만 하는 제품을 소모품이라고 해요. 가령 프린터의 카트리지는 잉크가 다 떨어지면 더 쓸 수 없어서 새것으로 바꿔야 하죠. 신발도 오래 신으면 닳아서 더 신을 수 없어 새로 사야 해요. 자동차도 소모품이에요. 너무 오래 타면 낡거나 고장 나서 바꿔야 하죠.

캐딜락 355A

싱어 포르쉐

페라리 250 GT

애스턴마틴 DB5

🚗 자동차는 얼마나 탈 수 있을까요?

자동차는 달릴 때 좋지 않은 현상을 많이 겪어요. 바닥에서는 계속해서 진동이 올라오고 외부에서는 공기나 물과 끊임없이 접촉해요. 운동이나 일을 계속하면 피곤하듯이 자동차도 오래 달리면 피로가 쌓인답니다. 피로가 계속되면 차 안에 부품들이 낡아서 못 쓰게 돼요. 고장이 계속되면 폐차하고 새 차를 사야 하죠.

자동차는 어떻게 관리하느냐에 따라서 수명이 결정돼요. 운전자가 자동차를 험하게 다루고, 아주 먼 거리를 달렸다면 길어야 4, 5년 만에 고장 날 수도 있어요. 같은 차라도 정비를 잘하고 주행 거리가 많지 않으면 10년 넘게 타기도 해요. 관리를 무척 잘한 차는 수십 년 동안 생명을 유지하기도 해요.

레스토모드

클래식카를 최신 상태로 유지하려면 낡은 부분을 고쳐야 해요. 부품이 있으면 다행이지만 없다면 요즘 나온 부품으로 갈아껴야 해요. 레스토모드는 오래된 차의 겉을 그대로 두고 속을 바꾼 차를 말해요. 겉은 클래식카처럼 생겼지만 엔진이나 변속기를 요즘 제품으로 바꿔서 성능이 뛰어나요. 엔진 자동차를 아예 전기 자동차로 바꾸기도 해요.

🚗 오래되었다고 다 클래식카는 아니에요

클래식카는 수십 년이 넘는 오랜 세월 동안 처음 모습을 그대로 유지하는 차를 말해요. 심지어는 시동을 걸고 타고 다닐 수도 있어요. 클래식카의 역사는 자동차의 역사와 같다고 보면 돼요. 초창기 자동차가 지금까지 남아 있기도 해요.

단순히 오래됐다고 클래식카가 되지는 않아요. 폐차해야 할 정도로 상태가 좋지 않은 차는 보존 가치가 없겠죠. 고급차는 아니더라도 어느 정도의 명성은 갖춰야 해요. 최소한 나온 지 수십 년은 돼야 클래식카 대접을 받아요. 10~20년 된 차는 클래식카라고 부르기 힘들어요. 최소한 30~40년은 돼야 클래식카라 부를 수 있어요.

🚗 세계의 클래식카 문화

외국은 자기 차를 직접 정비하고 관리하는 문화가 널리 퍼졌어요. 소유한 차를 애지중지 아끼고 보호하면서 클래식카 문화가 자연스럽게 생겼어요. 클래식카를 서로 보여주고 전시하는 행사도 많답니다. 클래식카를 사고파는 경매 문화도 활성화돼 있어요. 자동차 문화가 발달한 나라를 중심으로 클래식카 문화를 이어가고 있어요. 잘 관리하고 가치가 높은 클래식카는 수백억 원에 거래가 이뤄져요.

역사가 오래된 자동차 회사들은 직접 클래식카를 관리하는 부서를 운영해요. 수십 년 전에 나온 자동차의 부품을 계속해서 생산하고, 낡고 오래된 차를 새 차처럼 복원해주기도 하죠. 클래식카가 많을수록 회사의 역사를 자랑하고 알릴 수 있어서 적극적으로 클래식카 문화를 지원해요.

자동차 화재의 원인은 기름이 아니에요

자동차는 적게는 30L에서 많게는 100L의 연료를 싣고 달려요. 기름은 불이 잘 붙는 성질이 있죠. 기름으로 달리는 자동차에는 불이 나기 쉽다고 생각해요. 연료통에 충격이 가해지거나 차가 사고로 부딪히면 정말로 영화처럼 불길이 치솟을까요?

🔥 자동차는 생각보다 불이 잘 붙지 않아요

자동차 기름은 가솔린과 디젤 두 종류예요. 불을 직접 갖다 댔을 때 디젤은 타지 않고 가솔린은 잘 타요. 가솔린 차는 사고가 나면 불이 잘 붙을까요? 아니에요.

　자동차 사고가 나서 연료가 새어 나와도 인화물질이 없다면 불은 붙지 않아요. 엔진 안에서는 연료가 타는 상황이 계속되지만, 엔진 안에서 남은 연료가 폭발하지는 않아요. 엔진룸 안에 들어가는 연료의 양이 아주 적어서 사고가 나면 시동이 바로 꺼지죠. 연료탱크 안에는 특별한 장치가 있어서 엔진룸으로 들어가는 연료를 차단한답니다. 연료탱크는 사방이 밀폐돼 있어서 연료탱크에 불이 옮겨붙기도 쉽지 않아요.

🚗 자동차 화재의 주요 원인은 전기장치예요

연료가 폭발해서 자동차 화재가 발생하는 일은 드물어요. 대부분 화재는 전기장치 합선으로 일어난답니다. 기름이 샌다면 다른 곳에서 발생한 불이 옮겨붙어 차에 불이 날 수는 있어요. 웬만해서는 자동차 폭발이 일어나지 않아요. 한 방송에서 자동차가 폭발하는지 실험했어요. 대형 크레인으로 자동차를 45m 높이까지 들어 올린 후에 떨어뜨렸어요. 차에는 기름을 가득 채우고 시동도 걸어놨어요. 떨어진 차는 폭발하지 않았답니다.

자동차가 충격을 받으면 쉽게 폭발한다는 이야기는 영화 속 폭발 장면 때문에 생겨났어요. 영화에는 흥미를 더하려고 자동차 추격 장면을 집어넣어요. 추격하다가 폭발하는 장면이 종종 나오죠. 폭발 장면은 일부러 연출한 거예요.

평소에 잘 관리해야 해요

자동차 관리를 제대로 하지 않아도 불이 붙을 수 있어요. 엔진 오일을 갈지 않아서 엔진의 마찰열이 높아지면 엔진에서 불이 나기도 해요. 엔진룸에 먼지가 많으면 배선에서 불꽃이 튀었을 때 불이 옮겨 붙기 쉽답니다. 항상 차에 소화기를 비치해서 불이 날 때를 대비해야 해요.

영화 속에서는 자동차에 폭약을 설치해서 큰 폭발이 일어나게 해요. 잘 관찰하면 자동차가 부딪치지도 않았는데 폭발하는 장면을 발견할 수도 있어요. 차가 폭발하면 검은 연기가 엄청나게 많이 발생하는데 실제로 그 정도는 아니에요. 극적인 장면을 연출하려고 효과를 더욱 크게 낸답니다.

주유소에서 조심해야 해요

자동차는 쉽게 불이 붙지 않고 폭발할 위험이 적어요. 그래도 불은 항상 조심해야 한답니다. 주유소에 기름을 넣을 때는 화재가 발생할 수 있어요. 특히 가솔린은 주의해야 해요. 기름을 넣는 동안 기름의 일부는 증기처럼 공중으로 흘러나와요. 여기에 불꽃이 튀면 연료에 불이 붙을 수 있어요. 그러면 차에도 불이 옮겨 붙기도 해요. 차에 기름을 넣을 때에는 시동을 반드시 꺼야 한답니다.

왜 검은색과 은색, 흰색 자동차가 많을까요?

자동차 색은 여러 가지지만 그중에서 가장 많이 팔리는 색은 검정색, 흰색, 회색 등 세 가지 색이에요. 이 색들은 무채색이에요. 색상이나 채도가 없고 밝기만 있는 색이라는 뜻이죠. 우리나라만이 아니라 전 세계에서도 이 세 가지 색이 가장 비중이 높아요.

맥라렌 아투라

왜 색을 칠해야만 할까요?

자동차의 차체는 주로 철로 만들어요. 철 이외에도 알루미늄이나 탄소섬유를 쓰기도 해요. 철은 수분이 닿으면 녹이 슬어서 보호하려면 페인트를 칠해야 해요. 철 녹스는 현상을 부식이라고 해요. 금속 재료는 부식 우려가 있어서 페인트로 보호막을 만들어줘요.

    자동차 차체에는 부식되지 않도록 페인트를 칠해요. 이때 어떤 색 페인트를 칠해야 하는지 정해져 있지는 않아요. 지구상에는 수많은 색이 존재하지만 모두 자동차 색으로 활용할 수는 없어요. 대량으로 생산하는 자동차에 색이 너무 많으면 만들기 힘들어요. 몇 가지 대표 색을 정해서 생산해야 효율성이 높아져요. 적게는 5~7가지, 많게는 10가지가 넘는 색이 있어요.

검은색, 흰색, 회색을 주로 사용해요

검은색, 흰색, 회색, 은색 자동차의 비중이 높아요. 이 네 가지 색이 전체 자동차의 80%에 이를 정도죠. 우리나라에서 세 가지 색 다음으로 인기 있는 색은 파란색이에요. 그 뒤로 빨간색, 갈색, 초록색, 노란색 순이에요.

우리나라 사람들은 눈에 띄는 걸 꺼려서 화려한 유채색을 선호하지 않아요. 찾는 사람이 적어서 유채색 차는 중고차 시장에서도 가격이 떨어져요. 긁히거나 사고가 나서 페인트를 다시 칠해야 할 때 유채색은 색을 맞추기도 쉽지 않지요.

맞춤형 색상

고급차 브랜드는 차를 사려는 사람이 원하는 색을 만들어 주기도 해요. 카탈로그에 없는 맞춤형 색상을 장점으로 내세우는 거죠. 고객이 색상 샘플을 들고 오면 그대로 그 색을 만들어요. 샘플에는 제한이 없어요. 옷이나 장난감 등 아무거나 가져가도 돼요. 세상에 하나밖에 없는 독특한 색을 칠한 차가 나오는 거예요.

색에는 기능이 있어요

색에는 기능성 있어요. 흰색 차는 햇빛을 반사해서 여름에 차 실내 온도가 높아지는 것을 어느 정도 막아요. 검은색은 빛을 흡수해서 여름에 차 온도가 더 올라가요. 대신 겨울에는 오히려 차가 더 따뜻해지죠. 은색 차는 오염물질이 묻어도 티가 덜 나서 세차를 뜸하게 해도 더러워 보이지 않아요.

특정 색은 브랜드를 대표해요. 스포츠카로 유명한 페라리는 빨간색으로 유명해요. 벤츠는 은색이 상징색이에요. 새로운 모델이 나올 때 특정한 색을 대표색으로 정하기도 해요.

기아 스포티지

특별한 색이 필요한 차가 있어요

소방차는 눈에 잘 띄고 불의 색을 상징하는 붉은색으로 칠해요. 유치원이나 학교에서 어린이를 실어 나르는 차는 노란색이에요. 운전학원의 교습용 차도 노란색으로 통일해요. 택시는 지역에 따라 다른데 특정한 색을 정해요. 미국 뉴욕의 택시는 전부 노란색이에요. 영어로 '옐로우 캡'이라고 부르는데, 뉴욕의 상징물이에요.
우리나라 서울 버스는 4가지 색으로 구분해요. 다니는 지역이나 거리에 따라 노랑, 녹색, 파랑, 주황색 버스로 나눠요. 버스의 색만 봐도 어디를 다니는 차인지 쉽게 알 수 있답니다.

왜 우리나라에는 큰 차와 세단이 많지요?

우리나라에서는 자동차를 운송 수단보다는 자신을 과시하는 수단으로 생각하는 경향이 있어요. 미국은 집에 차가 여러 대여서 자주 바꾸기가 힘들어요. 직접 차를 정비하는 문화도 자리 잡았죠. 일본도 자동차를 오래 타기로 유명해요.

기아 K8

🚗 우리나라에서는 큰 차가 잘 팔려요

우리나라 사람들은 세단과 큰 차를 좋아해요. 세단은 흔히 볼 수 있는 자동차예요. 엔진이 들어 있는 앞부분과 사람이 타는 공간, 뒷부분에 툭 튀어나온 짐을 싣는 트렁크 공간 세 부분으로 확실하게 구분되죠. 우리나라에서는 이 세단이 가장 잘 팔려요. 가장 기본적인 형태여서 익숙하기도 하고 품위나 체면을 유지하기에 좋다고 생각해서 그래요. 짐 싣는 공간을 따로 갖춰야 하고 트렁크 부분이 튀어나와야 뒤에서 다른 차가 부딪쳐도 안전할 거라는 믿음도 세단을 선호하는 이유예요.

　우리나라에서는 자동차를 남에게 과시하는 수단으로 여기는 경향이 있어요. 그래서 세단과 큰 차 선호 현상이 맞물려 중형이나 준대형 세단이 인기가 많아요.

최근에는 SUV도 늘었어요. 2010년대 중반부터 우리나라뿐만 아니라 전 세계에 SUV 열풍이 불었어요. 차 한 대로 여러 가지 용도로 쓸 수 있는 데다가 공간 활용성이 우수해서 인기를 끌어요.

> ### 지역에 따라서 선호하는 차가 달라요
>
> 사계절 내내 날씨가 좋은 미국의 캘리포니아에서는 지붕을 열고 달릴 수 있는 컨버터블 자동차가 다른 어느 곳보다 많이 팔려요. 눈 내리는 날이 많은 북유럽 같은 곳은 눈길에서도 안정적으로 달릴 수 있는 네바퀴굴림(사륜구동) 자동차가 인기가 많아요.

🌀 일본의 경차, 미국의 픽업트럭

가까운 일본은 땅이 좁고 길이 복잡해서 작은 차를 선호해요. 차를 사려면 자기 집에 주차장이 있거나 다른 곳에 차를 세울 곳을 확보해야 해서 가능한 한 작은 차를 사요. 경차만 수십 종류나 될 정도죠.

미국은 픽업트럭이 가장 많이 팔려요. 미국은 배달 문화가 발달해 있지 않아요. 커다란 짐도 직접 실어 나르죠. 생활 특성상 짐을 실을 일이 많아서 픽업트럭을 선호해요.

🌀 유럽은 해치백을 좋아해요

실용적인 제품을 선호하는 유럽 사람들에게는 작은 해치백이 딱 맞아요. 해치백은 트렁크가 튀어나오지 않은 차를 말해요. 박스 2개를 이어 붙인 형태여서 투박스카 2 Box Car라고 해요. 해치백은 길이가 짧아서 좁은 도로에서도 불편하지 않게 다닐 수 있어요. 짐 공간이 작아 보이지만 뒷좌석을 접으면 짐도 많이 들어가요. 유럽 사람들은 해치백과 함께 왜건도 좋아한답니다. 왜건은 세단의 뒷부분을 네모나게 만들어서 짐을 더 많이 실을 수 있게 한 차예요. 많은 짐을 싣고 장거리 여행을 다니는 문화가 발달한 유럽에 잘 어울린답니다.

BMW 5시리즈 투어링

쌍용 렉스턴 스포츠 칸

경주용차는 꼭 벌레처럼 생겼어요

경주차는 빠르게 달리는 차여서 속도 위주로 설계한답니다. 일상생활에서 타는 차와는 모양이나 구조에서 차이가 커요. F1 경주차는 한 명의 운전자만 탈 수 있어요. 가늘고 긴 차체는 공기 저항을 최소화하는 구조예요. 보통 자동차는 바퀴가 차 안쪽에 있지만 F1 경주차는 몸체 바깥에 달려 있어요.

포르쉐 LMDh 경주차

🏁 경주차는 빠른 게 중요해요

F1 경주차는 오로지 빨리 달릴 목적으로 태어났어요. 운전자의 편안함보다는 성능에 중점을 두었죠. 운전석은 비좁고 바퀴는 밖으로 나와 있고, 차의 모양은 벌레처럼 납작해요. 속도를 시속 350km 이상 낼 수 있고, 경기 내내 시속 200km 이상 속도로 달려요. 빨리 달릴 수 있도록 무게도 아주 가벼워요. 보통 600kg대예요. 경차의 무게도 900kg을 넘으니 경주차가 얼마나 가벼운지 알겠죠?

    F1 경주차는 오로지 경주만을 위해 각종 첨단 기술을 집어넣은 차예요. 일반 자동차 역할과는 거리가 멀고 공학적 기술이 집약돼 있어서 자동차라고 하지 않고 '기계'라는 뜻의 '머신machine'이라고 불러요.

모든 경주차가 F1 머신처럼 생기지는 않았어요. 경주차의 종류는 여러 가지예요. 껍데기만 일반 자동차와 비슷한 모양으로 씌워 놓은 차도 있고, 아예 일반 차와 똑같이 생긴 경주차도 나와요. 모양은 비슷하지만 속은 달라요.

튼튼하면서 안전해요

경주차는 빠르게 달려야 해서 안전에 특히 초점을 맞춰요. 부딪히거나 뒤집히더라도 운전자가 다치지 않아야 해요. 먼저 자동차 내부를 철 구조물로 튼튼하게 보강해요. 안전벨트도 일반 자동차와는 다르게 고정하는 곳이 더 많아요. 자동차 경주를 보면 다른 경주차랑 부딪혀서 몇 바퀴를 구른 후에도 운전자가 멀쩡하게 걸어 나와요. 일반 자동차와는 사고가 났을 때 충격을 받는 정도가 다르답니다.

경주차는 각 자동차 경주에 맞게 만들어요. 내구레이스는 24시간 동안 계속해서 달리는 경주예요. 고장 나면 탈락하므로 24시간을 달려도 멀쩡해야 해요. 내구성이 아주 뛰어나게 튼튼하게 만든답니다. 사막과 험한 곳을 가로지르는 다카르 랠리는 험한 길과 극한 날씨를 모두 견뎌야 해요. 다카르 경주차 역시 튼튼하면서 빠르게 달려야 해요. WRC는 산악의 구불구불한 길과 험한 지형을 달리는 경주예요. 차가 점프도 하고 구불구불한 길을 계속 달려야 해서 차의 하체를 아주 튼튼하게 보강하고 방향을 잘 잡게 만든답니다.

아우디 RS Q e-트론

경주차의 특별한 안전장치

경주차에는 특별한 안전장치가 많답니다. 일단 운전자, 즉 드라이버는 큰 헬멧을 써요. 옷은 불이 붙지 않는 재질로 만들어요. 차 안에는 만약을 대비해 소화기도 있죠. 안전벨트는 일반 승용차와 달리 여섯 부분을 고정하는 6점식 벨트를 착용해요. 운전자의 몸을 시트에 단단히 고정하지만, 긴급 상황이 발생했을 때는 빨리 탈출할 수 있도록 원터치로 풀러요. 특이한 장비는 한스hans(head and neck support)예요. 안전벨트가 튼튼하다 해도 자동차가 충돌하면 몸은 그대로인 채 머리만 앞으로 쏠려서 목뼈를 다칠 수 있어요. 한스는 헬멧부터 어깨까지 시트에 고정해 운전자의 목뼈가 다치지 않게 해준답니다.

자동차를 개발할 때는 여러 곳에서 테스트를 거쳐요

자동차를 개발할 때는 여러 곳에서 테스트를 거쳐요. 주행 중에 경험할 수 있는 상황을 가정해서 극한 지역을 두루 다녀요. 세계 곳곳의 사막, 눈밭, 산길에서 지금도 테스트가 이뤄지고 있어요. 성능 좀 내세운다고 하는 차는 독일 뉘르부르크링에 반드시 찾아가요. 뉘르부르크링에서 테스트를 거쳤다는 사실 만으로도 성능을 인정받아요.

메르세데스-AMG 원

뉘르부르크링

험하기로 소문난 서킷, 뉘르부르크링

독일 중서부 라인란트팔츠주 뉘르부르크에 있는 뉘르부르크링은 험하기로 소문난 서킷(경주용 도로)이에요. 뉘르부르크링은 1927년에 문을 열었어요. 거의 100년이 다 돼가죠. 처음에는 아이펠산을 지나는 도로였고, 종종 레이스가 열렸어요. 길이 험난해서 레이스 중에 사고가 자주 일어나자 아예 도로를 정비해서 서킷으로 만들었어요. 처음 문을 열었을 당시 관계자들은 코스가 워낙 험해서 10분 안에 주파하기는 힘들다고 예측했어요. 독일 아우디, 호르히, DKW, 반더러 네 개 브랜드가 합쳐 생긴 아우토우니온이라는 자동차 회사에서 만든 타입 C 경주차가 1936년 예측을 뒤엎고 9분 56초 3을 기록하며 마의 10분 벽을 깨뜨렸어요. 지금도 뉘르부르크링에서는 내구 레이스를 비롯해 다양한 모터스포츠 경기가 열려요.

지상에서 경험하는 녹색 지옥, 노르트슐라이페

뉘르부르크링의 길이는 25km 정도로 꽤 길고 북쪽과 남쪽 서킷으로 나뉘어요. 특히 20.8km인 북쪽 노르트슐라이페는 '녹색 지옥'이라고 불릴 정도로 악명 높아요. 코너가 150여 개나 되고 높낮이 차이가 300m에 이를 정도로 커서 달리기가 쉽지 않아요. 사고도 자주 발생해요. 서킷이 숲속으로 이어져서 녹색 지옥이라는 별명을 얻었어요. 노르트슐라이페는 자동차 제조사들이 신차 개발할 때 들르는 장소로도 유명해요. 뉘르부르크링 한 바퀴만 돌아도 몇천 킬로미터 달린 효과를 내서 성능과 내구성을 테스트하기에 알맞아요. 일부 자동차 회사는 서킷 근처에 테스트 센터를 만들어놓고 운영해요.

노르트슐라이페는 자동차 업계 전반을 아우르는 기록의 무대예요

많은 업체가 테스트하다 보니 노르트슐라이페 주파 기록이 기술력의 척도가 돼요. 자동차 회사들은 노르트슐라이페에서 세운 기록을 자랑스럽게 홍보해요. 2022년 11월 기준으로 실제 판매하는 양산차(많이 만들어내는 자동차)로는 메르세데스-AMG 원 모델이 2022년 10월에 세운 6분 30초 705가 가장 빠른 기록이에요. 양산차가 아닌 차 중에서는 포르쉐 919 하이브리드 EVO 경주차가 2018년 6월에 5분 19초 546초 만에 달렸어요.

동승석에서 서킷 체험을 할 수 있는 링택시

뉘르부르크링은 일반인에게도 개방해요. 비용을 내면 자유롭게 달릴 수 있어요. 자기 차를 타고 달려도 되고 렌터카를 빌려서 돌 수도 있어요. 서킷이라고 부르지만 법적으로는 유료 일방통행 순환도로여서 교육받거나 라이선스를 따지 않아도 돼요. 달릴 수 있는 차종에도 제한이 없어요. 직접 운전하지 않고 동승석에서 서킷 체험을 할 수 있는 링택시도 운행해요. 전문 드라이버가 관광객을 태우고 영업해요. 서킷 체험을 제대로 해볼 수 있는 고성능 모델이 링택시로 쓰여요.

날아다니는 자동차는 실제로 있을까요?

자동차를 타고 하늘을 날 수 있다면 얼마나 편할까요? 평소에는 타고 다니다 자동차가 필요할 때 비행기로 변해서 하늘을 나는 거죠. 이런 상상이 영화 속에서만 실현되지는 않아요. 실제로 하늘을 나는 자동차를 개발하고 있답니다.

에어로모빌

🚗 자동차는 비행기가 부러워

자동차와 비행기의 공통점은 빠르게 움직인다는 거예요. 비행기의 속도는 아주 빨라요. 넓은 하늘을 날아서 길이 막히지도 않고 장애물을 피할 필요도 없죠. 목적지까지 더 빨리 갈 수 있어요. 자동차는 도로에 붙어서 달리므로 속도를 비행기만큼 빠르게 내지 못해요. 도로를 벗어나기 힘들고 길에 차가 꽉 차면 천천히 갈 수밖에 없어요.

꽉 막힌 길 위로 날아가는 자동차를 상상해봤을 거예요. 영화에서는 이런 상상을 그려내기도 하죠. 바퀴가 접히면서 날개가 나와 마음대로 날아다닐 수 있는 자동차가 나와요. 날개 달린 비행기처럼 생긴 자동차도 있고, 자동차 형태 그대로 자유자재로 날아다니기도 해요.

현실 속 날아다니는 자동차

날아다니는 자동차는 1949년에 이미 나왔다고 해요. 자동차에 비행기 동체를 붙이고 손으로 날개를 펴는 구조였어요. 요즘에는 여러 회사가 날아다니는 자동차를 개발하고 있어요. 자동차 모양에 날개가 달려서 비행기처럼 생긴 자동차, 헬리콥터처럼 위아래로 움직이는 자동차 등 여러 형태로 개발이 이뤄져요. 아직은 자동차라기보다는 비행기에 가까워요. 현재 기술로는 하늘을 날려면 비행기 몸체를 갖춰야 해요.

　하늘을 나는 자동차가 개발돼도 타고 다니려면 해결해야 할 문제가 많아요. 수백 수천 대의 차가 하늘을 날아다니려면 교통정리가 잘 돼야 하겠죠. 이륙하거나 착륙할 공간도 따로 필요해요. 현실적인 문제는 가격이에요. 지금 개발 중인 하늘을 나는 자동차는 소형 비행기와 같아서 가격이 아주 비싸답니다.

날지 못하게 하는 장치가 있어요

비행기는 하늘을 날아야 해서 날개가 하늘로 날아오르는 힘을 얻는 구조로 돼 있어요. 자동차는 반대예요. 차가 조금이라도 떠오르면 바퀴가 땅에서 떨어져서 위험해요. 자동차는 땅에 더 잘 달라붙도록 설계한답니다. 차 트렁크에 날개처럼 생긴 구조물을 달고 있는 차를 봤을 거예요. 차가 빨리 달릴수록 땅에 더 잘 달라붙게 해서 안정성을 높여주는 장치랍니다.

　비행기의 바퀴는 이륙하면서 활주로를 달릴 때 필요해요. 큰 항공기는 이륙할 때 보통 시속 260km 정도 속도에서 날기 시작해요. 이 속도는 자동차도 낼 수 있어요. 자동차에도 날개를 달면 이론적으로는 날 수 있어요.

하늘을 나는 자동차, 에어로모빌

여러 회사가 하늘을 나는 자동차를 개발하고 있어요. 대부분 현재 시험 비행 단계에 머물러요. 슬로바키아의 자동차회사 에어로모빌사는 이미 2017년에 하늘을 나는 자동차 에어로모빌Aeromobil 시제품을 선보였어요. 승합차 정도의 크기에 평소에는 날개가 접혀 있다가 비행 모드로 전환하면 날개가 펴져요. 200m 정도 활주로를 갖추면 하늘을 날 수 있죠. 바퀴는 앞뒤로 4개이고, 탑승 인원은 2명이에요. 속도는 시속 360km까지 올라가고, 하늘에서 750km 정도 날 수 있어요.

차 안에 욕실과 부엌이 달렸어요

미니 컨트리맨

캠핑을 편하게 즐기려면 짐 공간이 큰 차가 있으면 좋아요. 더 편하게 즐기려면 아예 차에서 잠을 자고 식사도 할 수 있는 게 낫죠. 그런 자동차가 있어요. 바로 캠핑카랍니다.

🚙 놀러갈 때는 어떤 차가 좋을까?

놀러다니기 좋은 차는 짐을 많이 실을 수 있는 차예요. 비포장길이나 흙길 등도 다니려면 차 바닥이 높고 네 바퀴가 모두 굴러가면 좋아요. 키 크고 박스형으로 생긴 SUV는 야외에 놀러 다니기에 알맞은 차예요. 특히 캠핑하러 다닐 때 좋죠. 트렁크가 커서 많은 캠핑 짐을 실을 수 있답니다. 차 안이 넓어서 뒷좌석 등받이를 접으면 텐트와 같은 간이 침실로 변해요.

🚐 움직이는 집, 캠핑카

캠핑카는 SUV보다 더 캠핑에 적합한 차예요. 아예 캠핑하기 좋은 구조로 만든 차죠. 차 안은 작은 방처럼 돼 있어요. 침대도 있고 욕실과 부엌도 갖췄어요. 콘도나 펜션을 압축해서 차에

옮겨놓은 것과 같아요. 이런 구조를 갖추려면 차가 커야 해요.

캠핑카는 미니밴이나 트럭을 개조해서 만들어요. 더 많은 시설을 설치하기를 원할 때는 대형 트럭이나 버스를 이용해서 개조하기도 해요. 어디든 차를 세울 수 있는 곳이 캠핑장이 돼요. 텐트를 치거나 취사 시설을 차리는 등 수고를 할 필요가 없어서 편하게 캠핑을 즐길 수 있답니다.

캠핑카를 운전하는 방법은 일반 자동차와 같아요. 캠핑카와 비슷하지만 운전 기능은 없고 시설만 갖춘 차도 있어요. 캠핑 트레일러는 차 뒤에 연결해 끌고다녀요. SUV처럼 키가 큰 차의 지붕에 설치하는 텐트처럼 일반 자동차를 캠핑카처럼 만들어주는 시설도 있어요.

자동차 캠핑은 미국에서 시작됐어요

포드사에서 가격이 저렴한 모델 T를 1908년에 선보이면서 오토캠핑이 시작됐다고 해요. 모델 T는 최초의 대량 생산 자동차로 가격이 쌌어요. 일반인도 차를 많이 사게 되면서 차를 개조해 캠핑 여행을 떠났어요. 포드를 창업한 헨리 포드는 캠핑을 즐겼다고 해요. 발명가인 에디슨과 파이어스톤 타이어를 만든 하비 파이어스톤 등 친한 사람들과 캠핑하러 다녔답니다.

미국이나 유럽은 장기간 여행을 가는 문화가 정착됐어요. 차에 많은 짐을 싣고 몇 주씩 휴가 여행을 떠나요. 숙식을 해결할 수 있는 캠핑카는 장기간 여행을 다니기에 알맞아요. 유럽과 미국을 중심으로 캠핑카가 발달했어요. 어떤 사람은 아예 캠핑카에서 살기도 해요. 몇 달씩 캠핑장에서 머물다가 다른 지역으로 옮기며 생활해요.

외국에서는 '캠핑카'라는 말을 쓰지 않아요

운전해서 끌고 다니는 캠핑카는 자체적으로 힘을 내서 '모터홈'이라고 불러요. 차 뒤에 끌고 다니는 캠핑카는 유럽에서는 '카라반' 미국에서는 '트래블 트레일러'라고 해요. 접어서 싣고 다니다가 캠핑장에서 차 위에 펼쳐 사용하는 것은 '텐트 트레일러'나 '팝업 트레일러'예요. 캠핑장에 고정해놓고 비용을 주고 이용하는 카라반은 '모빌홈'이라고 부른답니다.

유명 자동차 드라이버는 얼마나 버나요?

심장을 울리는 엔진 소리를 내며 바람보다 빠른 속도로 트랙을 질주하는 머신! 날렵한 경주차에 올라 목숨을 건 경주를 펼치는 사람. 우리는 그들을 경주차 드라이버라고 불러요. 자동차 경주가 활발한 외국에서는 자동차 드라이버가 엄청난 스타랍니다.

🏎️ 모터스포츠 스타

자동차 경주 등 자동차를 이용한 스포츠를 일컫는 모터스포츠도 스포츠의 한 분야예요. 우리나라에서는 모터스포츠가 인기가 없어요. 이름 있는 스타도 많지 않죠. 모터스포츠가 발달한 외국은 달라요. 모터스포츠의 인기가 엄청나요. 유명 드라이버들은 연예인이나 축구, 야구 스포츠 스타만큼 인기가 많아요.

💰 수천억 원대의 스포츠

F1 그랑프리는 모터스포츠 중에 가장 인기 있는 스포츠예요. 1년 동안 세계 20여 나라를 돌면서 경기를 치러요. F1 팀은 10여 개예요. 한 팀당 드라이버는 (예비 드라이버를 빼고) 2명이에요. 전 세계에서 F1 경주에 참가할 수 있는 드라이버의 숫자는 20명밖에 되지 않아요. F1 드라이버가 자격을 얻으면 이미 스타가 된 거예요.

F1은 규모도 아주 큽니다. 한 팀을 운영하는 데 드는 돈은 1년에 수백억에서 수천억 원이에요. 경주차를 개발하는 데도 많은 돈이 들어요. 수백 명의 사람이 연구개발이나 운영 인원으로 일한답니다.

1년 동안 전 세계를 돌아다닐 때 많은 인원과 경주차를 다 실어 날라야 해요. 그만큼 돈이 많이 드는 스포츠예요. 세계적으로 인기가 많아서 F1에 오가는 돈의 규모도 커요. TV 중계료도 꽤 비싸고 업체들이 팀에 로고를 붙이고 받는 비용도 꽤 많아요. 경주차에 광고를 하려면 수백억 원을 지불해야 해요. F1 한 경기에 오가는 돈만 수천억 원이 넘어요.

세계 최고의 모터스포츠 스타 슈마허

독일의 미하엘 슈마허는 세계가 인정하는 모터스포츠 스타예요. F1 역사상 가장 많은 기록을 경신하고, 가장 많은 우승을 차지한 선수죠. 1984년 열다섯 살 때 독일 카트 주니어 대회에서 우승한 뒤 1994년부터 F1 대회에서 일곱 번이나 챔피언을 올랐죠. 2012년 은퇴할 때까지 그랑프리에서 모두 91회 우승했어요. 지금은 루이스 해밀턴이 미하엘 슈마허 못지않은 기록으로 F1 최고 드라이버로 인정받아요.

🏁 모터스포츠 스타의 수입

비용의 규모가 크다 보니 드라이버들도 많은 돈을 받아요. 유명한 드라이버의 연봉은 500억 원에 가까워요. 우승할 때마다 받는 보너스와 광고 모델을 비롯한 기타 수입까지 합하면 버는 돈은 더 늘어나요. 적게 받는 드라이버의 연봉도 수십억 원이에요. F1에서 가장 많이 받는 드라이버의 연봉은 스포츠 스타 연봉 순위에서 상위권을 차지해요. 그만큼 F1은 전 세계적으로 인기가 높은 스포츠랍니다.

F1 그랑프리뿐만 아니라 WRC나 르망 24시간 내구레이스, 나스카 등 모터스포츠는 해외에서 인기가 아주 많아요. 모터스포츠 선수들은 네댓 살 때부터 카트라는 작은 경주차를 타며 실력을 키워요. 모터스포츠가 인기가 많아서 경주차를 접할 환경이 잘 마련되어 있답니다.

루이스 해밀턴

자동차를 백화점처럼 전시하는 모터쇼

모터쇼는 세계 곳곳에서 열려요. 종류도 매우 많아요. 지금 파는 차 위주로 전시하기도 하고, 오래된 클래식카만 따로 모으기도 하고, 스포츠카만 나오는 전시회를 열기도 해요. 수십 대만 전시하는 작은 전시회부터 수백 대의 차가 나오는 모터쇼까지 규모도 다양해요.

아우디 콘셉트카

BMW 콘셉트카

🚗 자동차 전시회, 모터쇼

자동차의 종류는 수백 가지가 넘어요. 이 차들을 보려면 도로로 나가면 돼요. 많이 팔린 차는 쉽게 눈에 띄지만 적게 팔리는 차는 보기가 쉽지 않아요. 매우 비싸서 많이 팔리지 않는 차를 보기는 더 힘들어요. 차를 한곳에 모아놓고 볼 수 있으면 좋지 않을까요? 이런 생각을 한 사람들이 모터쇼를 만들었어요. 모터쇼는 자동차를 모아서 보여주는 전시회예요. 백화점에 여러 물건을 한꺼번에 전시하듯이, 모터쇼에 가면 수많은 자동차가 한곳에 모여 있어요.

🚗 미래의 차를 볼 수 있어요

모터쇼에는 아주 많은 차가 나와요. 지금 팔리는 차 또는 조만간 나올 신차를 전시하죠. 콘셉트카는 팔 차는 아니에요. 가까운 미래에 이런 차를 만들겠다, 또는 이런 기술을 선보이겠다는 자동차 회사의 계획을 보여주는 차예요. 당장 팔 차가 아니어서 대부분 도로를 굴러다니지 않는 모형으로 나와요. 계획을 보여주는 차여서 창의적으로 표현해요. 콘셉트카는 요즘 굴러다니는 차와 생김새가 많이 달라 비현실적으로 보여요. 모터쇼에서는 현재 판매하는 차보다 미래를 보여주는 콘셉트카가 더 중요해요.

세계 곳곳의 모터쇼

세계에서 유명한 큰 모터쇼는 독일 프랑크푸르트, 미국 디트로이트, 스위스 제네바, 프랑스 파리, 일본 도쿄 등에서 열려요. 각 모터쇼마다 주로 그 지역에서 활동하는 회사들이 많은 차를 내놓아요. 자동차 산업이 발달한 곳에서 큰 모터쇼가 열려요. 제네바 모터쇼는 특이한 경우예요. 스위스는 자동차를 만들지는 않지만 모터쇼는 성대하게 개최한답니다. 우리나라에서도 모터쇼가 열려요. 서울과 부산에서 2년마다 번갈아가면서 모터쇼가 열려요.

모터쇼의 쇠퇴

'자동차 산업의 꽃'이라 불리며 수십 년 동안 성대하게 치러진 모터쇼는 2010년대 중반부터 점차 쇠퇴하기 시작했어요. 자동차 산업 안에서 전자 장비와 IT 기술 비중이 커지면서 자동차 회사들은 모터쇼보다 전자 박람회 출품에 더 주력했어요. SNS와 다양한 정보 채널이 발달해 모터쇼에 가지 않고도 자동차 정보를 접할 기회가 많아지면서, 현장 전시 위주로 돌아가는 모터쇼의 매력은 줄어들었어요. 비용 대비 효과가 떨어지는 모터쇼에서 발을 빼는 자동차 회사가 하나둘 늘어났어요. 주요 모터쇼의 규모는 큰 폭으로 줄어들었고 인기도 예전만 못해졌어요.

그림을 그리거나
모양을 변형해 꾸미는 아트카

자동차는 그 자체로 예술 작품이 되기도 해요. 예술가들이 자동차를 캔버스 삼아서 그림을 그리거나 모양을 변형해 예술 작품을 만들어 내요. 예술 작품처럼 꾸민 자동차를 아트카라고 해요. 자동차 회사가 예술가와 함께 만들거나, 예술가가 유명한 자동차를 이용해 예술 작품으로 내놓아요.

BWM 더 8 X 제프 쿤스

BMW M1 아트카

🚗 유명한 예술가가 그린 한 대밖에 없는 아트카는 희소성이 높아요

예술가들은 자동차를 캔버스로 사용해요. 어떤 아트카는 붓으로 쓱싹쓱싹 칠해서 완성해요. 예술가의 손길에서 나온 감성을 중요하게 여겨요. 대수가 늘어나면 예술가의 그림을 수십 대에 똑같이 표현해야 해요. 자동차 만드는 기술과 수작업 실력이 뛰어나야 예술성을 살리면서 완성도 높은 아트카를 만들 수 있어요.

한 대밖에 없는 데다가 유명한 예술가가 그린 작품이라서 아트카는 희소성이 높아요. 돈 주고도 살 수 없는 차라서 가치를 매기기도 힘들어요. 자동차 마니아나 희소한 차를 찾는 수집가는 아트카를 살 수 없어서 아쉬워해요.

🚗 아트카를 활발하게 만들어내는 자동차 회사는 BMW예요

BWM 아트카는 하나의 시리즈로 자리 잡았어요. 1975년 알렉산더 칼더가 작업한 3.0 CSL이 아트카의 시초예요. 이후 앤디 워홀, 프랭크 스텔라, 로이 리히텐슈타인, 데이비드 호크니 등 최고의 예술가들이 작업에 참여해 작품을 만들어냈어요. 47년 동안 탄생한 작품만 모두 19개에 이르러요.

아트카는 한 대씩만 만들고 판매는 하지 않아요. 전 세계를 돌며 열리는 전시회나 BMW 박물관에서 볼 수 있어요. BMW 아트카의 특징은 진짜로 달리는 자동차라는 점이에요. 알맹이 없이 겉만 꾸민 차가 아니라, 실제 자동차 위에 그림을 그린 거예요. 어떤 아트카는 예술작품 그대로 자동차 경주에도 나가기도 해요.

🚗 살 수 있는 한정판 아트카, 더 8 X 제프 쿤스

BMW는 아트카를 살 기회를 제공하고자 한정판을 만들었어요. '더 8 X 제프 쿤스'는 99대 한정판으로 나온 아트카예요. 미국 현대 미술가 제프 쿤스는 2010년에도 17번째 BMW 아트카를 만들었어요. M3 GT2 모델에 속도감이 넘치는 줄무늬를 그려서 경주차의 역동성을 표현했어요. '더 8 X 제프 쿤스'의 밑바탕이 된 모델은 BMW 8시리즈 그란 쿠페예요. 파란색, 노란색, 은색, 검은색을 비롯해 모두 11가지 색을 넣어서 무늬와 그림을 그렸어요. '더 8 X 제프 쿤스'는 아트카 제작의 큰 변화를 의미해요.

🚗 포르쉐 모델도 아트카에 종종 쓰여요

포르쉐 모델은 수십 년 동안 쌓아 올린 개성이 독특한 데다가 스포츠카 시장에서 상징적인 존재로 인정받아서 예술가들이 선호해요. 356 재니스 조플린, 968 라흐 드 루토모빌, 996 스완, 911 다니엘 아샴, 911 팻 카, 타이칸 밤의 여왕 등 예술가들은 포르쉐 모델을 소재로 삼아 다양한 아트카를 만들었어요.

포르쉐 911 아트카

못다 한 이야기 5

자동차의 구조, 보닛 속 세계

자동차는 전문 정비 인력이 손을 봐야 하지만 일반인들도 어느 정도는 점검할 수 있어요. 보닛을 열고 눈에 보이는 것만 수시로 점검해도 차의 수명이 늘어나요.

자동차는 2~3만 개의 부품으로 이뤄져 있어요

자동차 부품 중에 눈에 보이는 부분은 일부예요. 워낙 많은 부분이 복잡하게 얽혀 있어서 자동차를 고치려면 전문가가 나서야 해요. 자동차 회사는 이 많은 자동차를 관리하기 쉽게 만들어요. 가능한 한 고장이 나지 않도록 튼튼하게 만들고 고장이 나더라도 정비하는 분이 고치기 쉬운 구조로 설계해요. 일반인도 차의 상태를 파악하기 쉽도록 중요한 부품은 눈에 잘 띄는 곳에 배치해요.

자동차 앞부분에 있는 엔진룸

자동차 앞부분에 엔진이 들어 있는 부분을 엔진룸이라고 불러요. 엔진룸은 보닛이라 부르는 커다란 철판이 덮고 있어요. 평상시에는 열어볼 일이 별로 없지만 차에 이상이 생기면 보닛부터 열어봐야 해요. 고장이 나지 않더라도 보닛을 열면 자동차에 이상이 있는지 없는지 알 수 있어요.

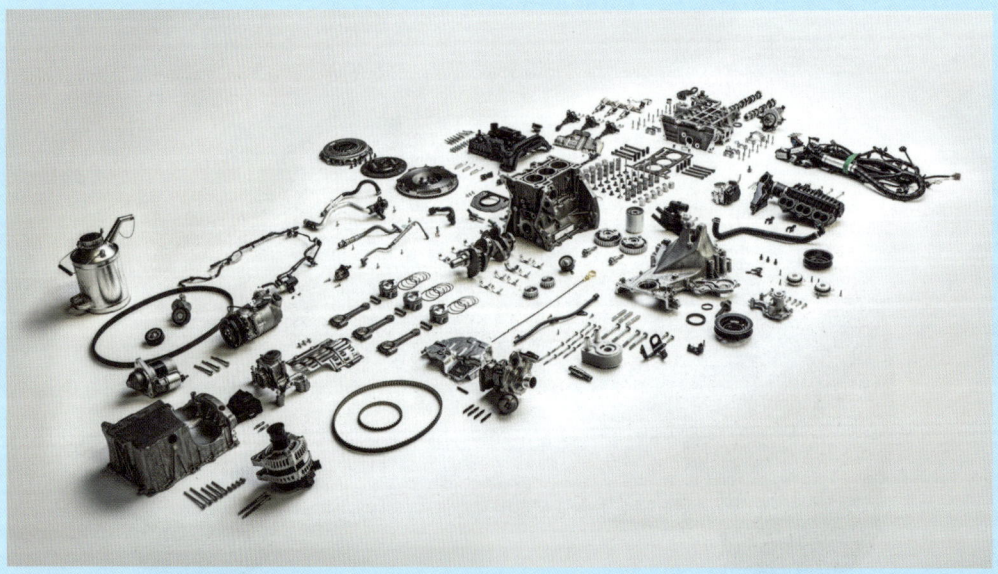

엔진에는 2개의 액체가 흐르고 있어요

엔진 오일은 엔진 안에서 피스톤이 매끄럽게 움직이도록 해요. 냉각수는 뜨거워진 엔진을 식혀줘요. 마치 우리 몸에 흐르는 피와 같아요. 엔진 오일은 동맥, 냉각수는 정맥인 셈이에요. 동맥과 정맥의 역할이 다르듯이 엔진 오일과 냉각수는 분리돼서 흐른답니다.

보닛을 열면 냉각수가 얼마만큼 남았는지 알 수 있어요. 냉각수가 모자라면 엔진이 뜨거워져서 불이 날 위험이 커져요. 모자라면 채워주고 새는 부분이 있으면 정비소로 가야 해요. 엔진 오일도 얼마나 남았는지, 상태는 어떤지 볼 수 있어요. 엔진에 꽂혀 있는 가느다랗고 긴 핀을 뽑아보면 돼요. 핀에 표시된 눈금을 기준으로 삼아요.

브레이크는 기름의 힘으로 작동해요

브레이크 페달을 밟으면 기름이 밀리면서 압력을 만들어 내서 브레이크가 작동해요. 보닛 속에 자리 잡은 브레이크 오일 통을 보면 얼마나 남았는지 눈으로 확인할 수 있어요. 엔진에 걸려 있는 벨트는 돌면서 에어컨 작동 등 여러 가지 일을 해요. 벨트가 닳아서 끊어지면 벨트로 작동하는 기능이 멈춰요.

자동차에는 전기장치가 아주 많아요

시동이 걸릴 때도 배터리의 힘이 필요해요. 배터리에는 작은 창이 있어요. 창의 색깔은 배터리 상태에 따라 변해요. 수시로 확인해서 수명이 다했거나 이상이 있으면 배터리를 갈아줘야 해요. 비나 눈이 오는 날에는 와이퍼를 많이 써요. 이런 날에는 특히 앞유리가 지저분해지기 쉬워서 워셔액을 자주 뿌려줘야 해요. 워셔액 통도 보닛 안에 있어요. 바닥이 드러나지 않게 점검하고 채워 줘야 해요.

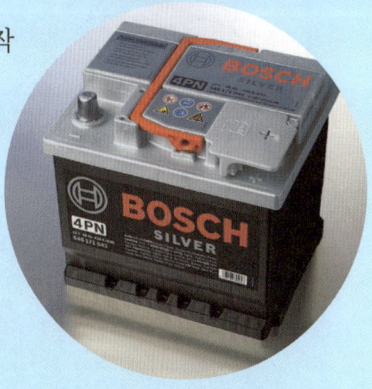

6부

자동차와 인물

포드 익스플로러

자동차는 인간이 만든 위대한 발명품이에요. 인간이 실현할 수 없는 힘과 속도를 내는 엄청난 기계지만 개발하고 디자인하고 만드는 주체는 사람이에요. 지금까지 자동차가 발전하는 데는 수많은 사람의 노력이 뒷받침되었어요. 특히 자동차 보급 초창기에는 많은 사람이 회사를 세웠어요. 벤츠, 포드, 페라리, 포르쉐, 람보르기니는 자동차 회사 이름이자 설립자 이름이에요. 자동차 기술이나 부품에도 만든 사람의 이름을 쓰기도 해요. 디젤 엔진의 '디젤', 자동차의 충격을 흡수하는 서스펜션의 한 종류는 맥퍼슨 스트럿의 '맥퍼슨'은 발명자 이름이에요. 자동차와 관련된 일은 매우 다양해요. 개발, 디자인, 제조, 시험, 판매, 정비 등 다양한 분야에서 많은 사람이 일해요. 뛰어난 실력이나 성과를 거둔 사람은 각 분야에서 인정받으며 이름을 날려요.

페라리 로마

벤츠·포드·페라리·포르쉐·토요타는 사람 이름이에요

자동차는 1800년대 후반에 발명됐어요. 100년이 넘는 역사지만 인류의 역사를 따지면 아주 최근의 일이랍니다. 자동차는 새로 생긴 발명품이에요. 초창기 때 자동차를 만든 사람들이 자동차 회사를 설립했고 지금까지 이어오는 경우가 많아요.

메르세데스-벤츠 E-클래스

🚗 메르세데스-벤츠의 유래

카를 벤츠는 가솔린 엔진을 이용해서 1885년에 자동차를 처음으로 만든 사람이에요. 처음으로 자동차 특허를 받았다고 해서 '페이턴트 모터바겐'이라고 불렀죠. 벤츠는 오늘날 고급차로 이름을 날리고 있어요.

1890년에는 고틀리프 다임러라는 사람이 자동차 회사를 만들었어요. 다임러는 자동차 이름을 '메르세데스'라고 붙였어요. 메르세데스는 오스트리아의 사업가인 엘리넥이라는 사람의 딸 이름이에요. 엘리넥은 다임러에 자동차를 여러 대 주문했고 다임러는 엘리넥의 딸 이름을 따서 자동차 이름을 메르세데스라 붙였어요. 두 회사는 제1차 세계대전이 끝난 후에 합쳐서 한 회사가 됐고, 이름을 다임러-벤츠Daimler-Benz라고 지었답니다. 한동안 다임러는 그

카를 벤츠

룹 이름으로, '메르세데스-벤츠Mercedes-Benz'는 브랜드 이름으로 사용했어요. 2022년 전동화 시대에 대비할 목적으로 메르세데스-벤츠 그룹으로 회사 이름을 바꿨어요.

부가티를 인수한 리막 오토모빌리

전기차 시장이 커지면서 새로운 전기차 회사가 생기고 있어요. 리막 오토모빌리는 전기 슈퍼카를 만드는 크로아티아 회사예요. 리막은 슈퍼카 브랜드 부가티를 인수해서 더 유명해졌어요. 리막 오토모빌리의 이름은 창업자 마테 리막의 이름을 따서 지었어요(크로아티아 발음으로는 '리마츠'라고 해요).

명차 롤스로이스와 벤틀리, 대중차 포드

롤스로이스는 세계에서 가장 좋은 차로 인정받아요. 이 회사는 필라멘트 회사를 운영하던 프레더릭 헨리 로이스와 자동차 딜러이자 레이서로 활약하던 귀족 찰스 롤스가 함께 세운 회사예요. 둘의 이름을 따서 회사 이름을 지었어요. 롤스로이스와 함께 명차로 꼽히는 벤틀리는 스피드를 즐기던 월터 벤틀리와 동생 호레이스 벤틀리가 1912년 만든 회사이지요.

미국 자동차 회사 중에서 두 번째로 큰 포드는 1903년 미국의 헨리 포드가 세운 회사예요. 헨리 포드는 1908년 모델 T라는 자동차를 만들었어요. 이 차는 당시에 가격이 825달러로 아주 쌌어요. 차를 만들 때 이동 조립 라인을 이용해서 대량으로 생산했어요. 포드는 자동차를 보급하는 데 아주 큰 역할을 한 사람이에요.

찰스 롤스

헨리 로이스

롤스로이스 컬리넌

월터 오웬 벤틀리

벤틀리 플라잉 스퍼

헨리 포드와 모델 T

포드 익스플로러

스포츠카 페라리와 람보르기니

세계에서 가장 유명한 스포츠카 브랜드로는 페라리를 꼽을 수 있어요. 페라리 설립자는 엔초 페라리라는 사람이에요. 경주차 드라이버로 활동한 엔초 페라리는 알파로메오라는 자동차 회사에서 일하다가 1947년 직접 회사를 차리고 이름을 페라리라 붙였어요. 페라리와 경쟁하는 람보르기니는 페루치오 람보르기니가 설립했어요. 람보르기니는 자동차 이전에 트랙터를 만들던 회사였답니다.

엔초 페라리

페라리 로마

페루치오 람보르기니

람보르기니 우루스

🚗 사람 이름에서 따온 자동차, 자동차 회사 이름

스포츠카 중 페라리와 람보르기니만큼 유명한 포르쉐Porsche도 페르디난트 포르쉐 박사가 세운 회사예요. 부가티Bugatti, 크라이슬러Chrysler, 토요타Toyota, 혼다Honda, 파가니Pagani도 사람 이름이에요. 미국의 고급차 브랜드 캐딜락Cadillac은 사람 이름이지만 창업자는 아니에요. 1701년 디트로이트를 개척한 프랑스 귀족이자 탐험가인 모스 캐딜락의 이름을 따왔답니다. 다른 사람 이름을 쓴 회사는 미국의 링컨(미국 대통령), 테슬라(전기공학자)가 있어요.

페르디난트 포르쉐

포르쉐 카이엔 쿠페

월터 크라이슬러

크라이슬러 300C

디젤 엔진은
디젤이 만들었어요

자동차와 관련된 이름은 사람 이름이 많이 쓰였어요. 자동차 이름뿐 아니라 부품이나 기관도 사람 이름에서 따온 게 많아요. 자동차의 영어 auto도 내연기관을 만든 니콜라스 오토의 이름에서 유래됐죠.

루돌프 디젤

페이턴트 모터바겐

🚗 가솔린 엔진보다 힘이 강한 디젤 엔진

자동차 회사 중에는 회사를 설립한 사람의 이름을 딴 곳이 많아요. 회사뿐 아니라 자동차에 들어가는 부품이나 기술에도 발명한 사람의 이름을 붙여요. 디젤차는 디젤 엔진으로 달리는 자동차를 말해요. 디젤 엔진을 만든 사람의 이름이 '루돌프 디젤Rudolf Diesel'이에요. 디젤차는 연비가 좋아요. 엔진의 크기가 같다면 가솔린 엔진보다 힘도 강해요.

🚗 발명가 디젤의 생애

루돌프 디젤은 1858년 3월 18일 프랑스 파리에서 태어났어요. 디젤 엔진은 1894년 개발했답니다. 열효율이 높고 경제성이 우수해서 공장 기계나 선박, 기차 등 큰 엔진이 필요한 곳에서 디젤 엔진을 많이 썼어요. 산업 발전에 아주 큰 영향을 미쳤지요.

디젤 엔진의 성공으로 디젤은 큰 부자가 됐다고 해요. 디젤이 인기를 얻으면서 가솔린과 증기 엔진을 만드는 사람들이 디젤을 시기했어요. 회사에 돈이 모이면서 싸움도 일어났어요. 이렇게 온전치 못한 환경에 오래 있어서 디젤은 건강이 좋지 않았다고 해요. 1913년 루돌프 디젤은 영국에 세워진 디젤 공장 준공식에 참석하기 위해 도버 해협을 건너던 도중 배에서 실종됐어요.

디젤은 엔진을 개발한 이후에 누구나 쓸 수 있도록 했어요. 그래서 디젤 엔진은 빠르게 널리 퍼졌답니다. 기술은 독점하지 않고 나누는 것이라고 생각한 사람이었어요.

> ### 하이브리드 자동차와 맞는 앳킨슨 엔진
>
> 앳킨슨이라는 엔진이 있어요. 1882년에 제임스 앳킨슨이라는 사람이 발명했지요. 오토가 만든 가솔린 엔진보다 단점이 많아서 잘 쓰이지는 않았다고 해요. 요즘에는 하이브리드 자동차가 많이 나와요. 엔진에 전기 모터를 결합해 달리는 자동차이지요. 하이브리드 자동차에 앳킨슨 엔진을 주로 쓴답니다.

🚗 진동을 흡수하고 균형을 잡는 서스펜션

차가 달릴 때에는 바닥에서 수많은 진동이 올라와요. 도로는 매끈해 보여도 실제로는 고르지가 않고 이물질도 많답니다. 자동차의 밑 부분에서 진동을 흡수하지 않으면 차가 통통 튀어서 제대로 타고 다닐 수 없어요. 차에 생기는 진동을 흡수하고 균형을 잡는 장치를 '서스펜션suspension'이라고 해요. 차 바닥 바퀴 쪽에 자리 잡고 있답니다.

'맥퍼슨 스트럿' 서스펜션은 이 서스펜션을 만든 맥퍼슨이라는 사람의 이름을 땄어요. 맥퍼슨이라는 사람은 미국의 GM이라는 미국 회사에서 일하면서 이 기술을 개발했어요. GM이 그 기술 쓰기를 꺼려하자 맥퍼슨은 경쟁사인 포드로 옮겼답니다. 포드는 이 서스펜션을 도입한 자동차를 만들었고 큰 히트를 쳤답니다.

서스펜션

> ### 자동차의 영어, auto의 유래
>
> 니콜라스 오토Nicolas Auto는 1876년에 내연기관을 개발한 사람이에요. 오늘날 가솔린이나 디젤을 쓰는 엔진을 내연기관이라고 불러요. 오토가 만들어서 오토 엔진이라고 불렀답니다. 벤츠가 만든 세계 최초 자동차 '페이턴트 모터바겐'도 오토 엔진을 썼어요. 자동차는 영어로 '오토auto'라고 부르는데 니콜라스 오토의 이름에서 유래했답니다.

포드의 컨베이어 벨트 시스템

자동차 공장에 컨베이어 벨트를 도입한 헨리 포드

자동차는 전 세계에서 엄청나게 많이 만들어져요. 1년에 만들어지는 자동차가 1억 대에 이른다고 해요. 전 세계 1위 자동차 회사는 1년에 1000만 대 정도의 차를 만들어요. 쉴 새 없이 움직이는 자동차 공장의 시스템에 대해 알아볼게요.

자동차를 널리 보급하려는 헨리 포드의 고민

토요타나 폴크스바겐처럼 세계에서 1위를 다투는 회사는 전 세계 여러 곳에 공장을 거느리고 있어요. 각 공장은 1년에 수십만 대의 차를 만들어내요. 하루에도 수천 대씩 차를 만들어 내려면 쉴 새 없이 공장을 돌려야 해요. 이렇게 자동차를 많이 만들 수 있는 것은 컨베이어 벨트 시스템 덕분이에요.

1900년대 초반 자동차 개발 초창기에는 자동차를 일일이 손으로 만들었어요. 사람이 만들다 보니 많이 생산할 수도 없고 값도 아주 비쌌어요. 포드 자동차를 설립한 헨리 포드는 자동차를 널리 보급하려면 많이 만들어야 한다고 생각했어요. 헨리 포드는 어느 날 시카고의 한 도축장에서 사람들이 자기 자리에 가만히 선 채 그 앞에 지나가는 고기를 다듬는 모습을 봤어요. 여기서 컨베이어 벨트 아이디어를 떠올렸어요.

🔴 컨베이어 벨트 시스템 덕분에 대량 생산이 가능해졌어요

포드 공장에서는 차를 만드는 사람이 작업대로 가서 일하지 않았어요. 작업물이 계속 지나가면 작업자는 한 자리에 서서 일했어요. 한 사람이 여러 과정의 일을 하지 않고 한 가지 작업만 반복해서 하게 되지요. 작업이 간단하고 단순해서 빠르게 많은 일을 할 수 있답니다.

1910년 헨리 포드는 4층으로 된 하일랜드 파크 공장을 지었어요. 차체 만들기, 타이어 조립, 차체 페인트 칠, 부품 조립, 최종 검사, 출고 작업 순서로 차를 만들었어요. 작업은 위층에서 아래층으로 이어지게 했어요. 1913년에는 컨베이어 벨트로 연결한 조립 라인을 설치했어요. 이 방법을 쓰면서 자동차를 한꺼번에 많이 만들 수 있게 됐어요. 포드는 1910년에는 1만 9000대를 만들었는데 컨베이어 벨트를 쓰기 시작한 1913년에는 24만 8000대로 늘어났다고 해요. 포드가 만든 자동차의 수가 미국의 나머지 자동차 회사가 만든 자동차 수와 비슷할 정도로 생산량이 많았어요.

> **검정색 모델 T의 비밀**
>
> 만드는 시간을 줄이기 위해 모델 T는 검정색 차만 만들었다고 해요. 검정 페인트가 빨리 말랐기 때문이에요. 이전에 차 한 대를 조립하는 데 12시간이 넘게 걸렸는데 컨베이어 벨트 때문에 시간이 2시간 30분으로 줄었어요. 1925년에 이르러서는 10초에 차가 한 대씩 나올 정도로 생산 효율성이 높아졌다고 합니다.

🔴 싸면서도 많이 팔린 포드 모델 T

헨리 포드가 컨베이어 벨트 시스템을 이용해 만든 포드 모델 T는 매우 많이 팔렸어요. 1924년 무렵 미국에는 1000만 대가 넘는 모델 T가 굴러다녔다고 해요. 모델 T가 처음 나온 1908년에 당시 자동차 가격은 2000달러였어요. 일반인은 살 수 없는 아주 비싼 가격이었죠. 포드는 모델 T를 825달러에 팔았어요. 컨베이어 벨트로 만들면서부터는 가격이 300달러까지 떨어졌다고 해요. 가격이 싸지면서 모델 T는 일반인도 쉽게 살 수 있게 됐어요. 컨베이어 벨트와 모델 T 덕분에 자동차가 널리 보급되었답니다.

포드 모델 T

현대자동차 창업주 정주영

나라마다 대표하는 자동차 회사가 있어요. 오래전부터 생겨나서 역사와 전통을 쌓으며 한 나라를 대표해요. 자동차 회사는 각 나라의 문화와 생활환경의 영향을 받게 돼요. 그 나라 사람이 좋아하는 자동차를 만들다 보면 한 나라의 특색이 드러나요.

정주영 회장

제네시스 G90

1967년에 설립된 현대차

우리나라에도 자동차 회사가 여럿 있어요. 현대자동차, 기아, 한국GM, 르노코리아, 쌍용자동차예요. 이들 중 한국GM은 미국 GM, 르노코리아는 프랑스 르노 소속이에요. 쌍용자동차는 주인이 여러 번 바뀌었어요. 순수한 우리나라 기업은 현대차와 기아예요. 기아도 현대차가 사들여서 실질적으로는 현대차가 한국을 대표하는 자동차 회사인 셈이에요.

현대차는 정주영 회장이 1967년 설립했어요. 정주영 회장은 1940년 생긴 '아도서비스'라는 자동차 수리 공장을 인수하면서부터 자동차와 인연을 맺었어요. 한 달도 되지 않아 공장에 불이 나는 바람에 처음에는 큰 빚을 졌어요. 하지만 좌절하지 않고 계속 정비 일을 해서 1945년에는 현대자동차공업사를 차렸어요.

HYUNDAI

🚗 세계 5위권 자동차 회사, 현대차그룹

좋은 평판을 얻으면서 번창한 현대자동차공업사는 1967년 현대자동차가 된답니다. 현대자동차는 미국 포드와 손잡고 '코티나'라는 차를 만들었어요. 1974년에는 우리나라 최초 고유 모델인 포니를 공개하고 1976년부터 본격적으로 판매를 시작했어요. 국산 기술로 만든 차가 나온 거예요. 포니 엑셀은 국산차 최초로 미국 시장에 진출하는 기록을 세웠어요. 이후에도 현대차는 꾸준하게 성장을 거듭해요.

1998년 현대차는 기아차를 인수해서 현대기아차가 돼요. 규모가 커지면서 세계 10위 자동차회사로 커졌어요. 2001년 정주영 회장은 세상을 떠났어요. 이후에도 현대차는 성장을 거듭했어요. 지금은 현대차와 기아를 합쳐서 1년에 600~700만 대를 생산하는 대규모 회사로 성장했어요. 세계 5위권 회사가 됐답니다.

🚗 우리나라 자동차 발전에 기여한 정주영 현대차 회장

정주영(1915~2001) 회장은 불가능을 모르는 사람이었어요. 생전에 이런 말을 했다고 해요. "나는 무슨 일을 시작하든 반드시 이룰 수 있다고 믿고 추진한다. '된다'는 확신 90%와 '반드시 되게 할 수 있다'는 자신감 10% 외에 '안 될 수도 있다'는 불안은 단 1%도 갖지 않는다."

자동차 기술이 전혀 없던 우리나라에 자동차 회사를 설립한 일부터 독자 모델 개발과 미국 수출까지 남들이 보기에는 불가능한 일들을 다 이뤄냈어요. 현대차뿐 아니라 우리나라 자동차 산업 발전에 큰 기여를 했답니다.

현대 포니

세계 유명 자동차 디자이너

자동차를 만들려면 우선 자동차의 모양을 정해야 해요. 자동차 디자이너는 자동차의 모양을 그리는 사람이랍니다. 자동차 회사는 디자인만 전문으로 하는 부서를 운영해요. 디자이너 사이에도 유명한 디자이너가 있지요.

피터 슈라이어

 자동차 디자이너의 역할

전 세계가 알아주는 아주 멋진 차를 디자인했거나 자동차 역사에 길이 남을 명작을 남긴 디자이너가 있어요. 어떤 디자이너는 자동차 디자인 유행을 바꿔놓거나 위대한 디자인을 선보였죠.

수많은 디자이너 중에서 21세기에 큰 영향력을 발휘한 3명의 디자이너가 있어요. 한국에도 널리 알려졌죠. 크리스 뱅글 전 BMW 디자인 총괄 책임자, 피터 슈라이어 현 현대자동차그룹 디자인 고문, 이안 칼럼 전 재규어 디자인 총괄 디렉터예요. 유명한 자동차 디자이너가 이 세 사람만 있지는 않아요. 여러 디자이너가 각 자동차 회사에서 큰 활약을 하고 있답니다.

크리스 뱅글

크리스 뱅글Christopher Bangle은 1992년부터 2009년까지 BMW에서 일하면서 BMW 디자인을 혁신적으로 바꾼 인물이에요. 직

크리스 뱅글

선 위주이던 BMW 디자인에 곡선의 아름다움을 불어넣은 인물로 평가 받아요. 그전에는 독일 오펠과 이탈리아 피아트에서 일했어요. 2002년에 발표한 7시리즈는 자동차 디자인에 아주 큰 변화를 몰고 왔어요. 이전에 볼 수 없었던 파격적인 디자인과 디자인 요소로 논란도 아주 많았답니다.

피터 슈라이어

피터 슈라이어Peter Schreyer는 우리와도 친숙한 인물이에요. 기아 디자인을 새롭게 바꿔놓은 인물이지요. 아우디 TT는 피터 슈라이어의 역작으로 꼽혀요. 아우디의 디자인을 한 단계 진보시킨 중요한 모델이에요. 기아로 옮긴 슈라이어는 호랑이 코 그릴이라는 디자인 요소로 기아 디자인을 확 바꿔놓았어요. 기아 모델은 디자인이 비슷해 보여요. 공통된 개성을 살리도록 슈라이어가 디자인했어요.

이안 칼럼

이안 칼럼Ian Callum은 전직 재규어 디자이너예요. 재규어의 디자인을 현대적으로 바꿔놓았어요. 예전에는 애스턴마틴이라는 고급 스포츠카를 디자인했어요. 영화 〈007 스펙터〉에 나오는 애스턴마틴 DB7이라는 차도 이안 칼럼의 작품이에요.

아우디 그릴 디자인으로 유명한 발터 드 실바

세계 유명 디자이너를 정하는 법칙이 따로 있지는 않아요. 이안 칼럼 대신 발터 드 실바 Walter de Silva를 꼽기도 해요. 실바는 이탈리아의 알파로메오와 피아트에서 일했어요. 1998년에는 폴크스바겐 그룹 소속 세아트 브랜드로 옮긴 후 나중에는 폴크스바겐 그룹 디자인 책임자가 됐어요.
아우디 차는 앞부분에 그릴이 아래위로 크게 연결돼 있어요. 이 그릴을 실바가 디자인했어요. 싱글 프레임 그릴이라고 하는데, 다른 자동차 회사들이 따라 하면서 큰 유행이 됐답니다.

못다 한 이야기 6

세기의 라이벌, 페라리 vs 람보르기니

엔초 페라리

경주차를 일반 도로용 모델로
개조해 탄생한 페라리 166 인터(1948)

페라리 250 GTO

페라리와 람보르기니는 둘 다 이탈리아 스포츠카 회사예요

유명한 스포츠카 회사가 어디냐고 물으면 대부분 페라리와 람보르기니를 이야기해요. 자연스럽게 두 회사가 떠오를 정도로 페라리와 람보르기니는 스포츠카의 대명사로 자리 잡았어요.

두 회사는 공통점이 있어요. 이탈리아 회사이고 이름은 창업자 이름에서 따왔어요. 엠블럼은 페라리는 말, 람보르기니는 황소로 둘 다 동물이에요. 몇 가지 공통점이 있지만 이 두 회사는 오래전부터 경쟁해왔어요. 경쟁 관계는 두 창업자의 관계에서부터 시작됐어요.

페라리 Ferrari

페라리 창업자인 엔초 페라리(1898~1988)는 경주차 드라이버 출신이에요. 이탈리아 최고 레이싱팀인 알파로메오에서 실력을 쌓은 뒤 1929년 자기 이름을 딴 '스쿠데리아 페라리'라는 레이싱팀을 만들었어요. 알파로메오 차를 이용해 경주에 나가던 엔초는 알파로메오와 갈등을 겪다가 1939년 자동차 회사를 차려서 직접 차를 개발하기 시작했어요. 이듬해에는 티포 815라는 차를 내놓았어요. 당시 알파로메오와 계약 관계에 걸려서 회사 이름과 차에 페라리라는 이름을 붙이지 못했어요.

제2차 세계대전이 끝난 후 1947년 드디어 엔초는 마라넬로에 자신의 이름을 딴 페라리 회사를 설립해요. 경주차를 만들어 경기에 참여하던 페라리는 재정적으로 어려워지자 자금을 확보하려고 일반 도로용 양산차 166 인터를 만들었어요. 이후 멋진 스포츠카를 연달아 내놓으며 스포츠카 회사로 명성을 쌓았어요.

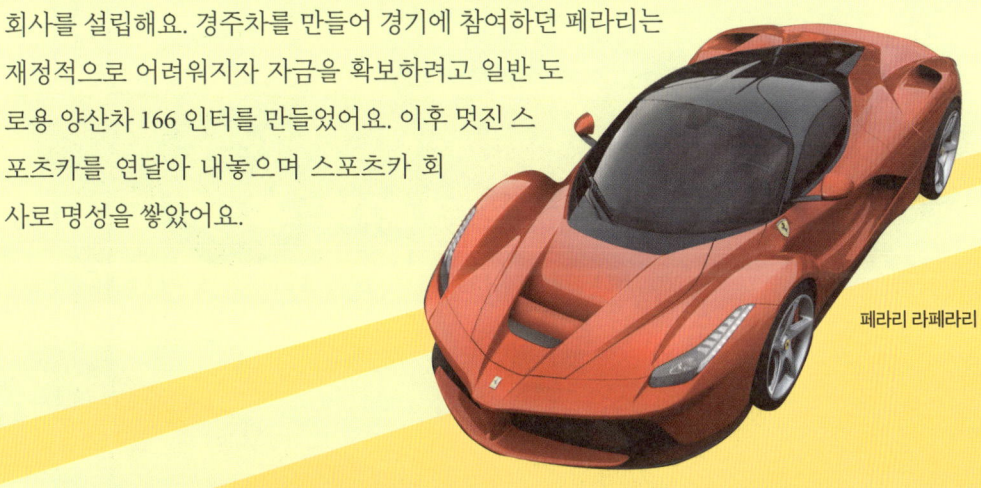

페라리 라페라리

페라리 F40

페루치오 람보르기니

람보르기니를 상징하는
역사적인 모델 미우라(1966~1973)

람보르기니 350 GTV

람보르기니 Lamborghini

페루치오 람보르기니(1916~1993)는 기계공학을 전공한 엔지니어였어요. 제2차 세계대전 중에는 군용차를 정비하는 병사로 근무했어요. 전쟁이 끝난 후 페루치오는 자기 이름을 딴 '페루치오 람보르기니 트랙토리체'라는 트랙터 회사를 세웠어요. 람보르기니 트랙터는 고장이 나지 않기로 유명해서 이탈리아 전역에서 인기를 끌었어요. 페루치오는 큰돈을 벌었어요. 그는 명차를 수집하고 자기 차를 개조해 직접 경주에 나갈 정도로 차에 관심이 많았어요.

페루치오는 페라리 250GT를 한 대 갖고 있었어요. 클러치에 문제가 있다는 사실을 알게 된 페루치오는 문제점을 알려주려고 엔초를 찾아갔다가 트랙터나 만드는 사람이 스포츠카를 어떻게 알겠냐는 모욕적인 말을 들었어요. 화가 난 페루치오는 페라리보다 뛰어난 스포츠카를 만들겠다고 작정하고 1963년 람보르기니 회사를 설립해요. '무조건 페라리보다 빨라야 한다'라는 원칙을 세우고 스포카를 만들기 시작했어요. 이듬해 람보르기니의 첫 차 350GT가 선보였어요.

본격적으로 페라리를 앞선다고 평가받은 차는 1966년에 나온 미우라예요. 엔진을 가운데 얹은 방식을 최초로 적용한 미우라의 최고속도는 시속 280km로 당시 양산차 중에 가장 빨랐어요. 스포츠카보다 더 강한 차를 뜻하는 슈퍼카라는 말도 미우라부터 쓰이기 시작했어요.

람보르기니 디아블로

람보르기니 레벤톤

7부

기능과 역할이 다양한 자동차들

자동차의 주요 역할은 사람이나 짐을 실어 나르는 것이에요. 이 밖에도 자동차는 여러 분야에서 다양한 역할을 해요. 소방차는 불을 끄러 출동하고, 구급차는 위급한 환자를 실어 날라요. 경찰차는 범인을 잡는 데 투입되고, 군용차는 전쟁터를 누비며 작전을 수행해요. 이렇게 특별한 임무를 일반 자동차로 해내기는 힘들어요. 특별한 임무에 맞게 개조하거나 장비를 달아야 어려운 임무도 거뜬히 해낼 수 있어요. 소방차에는 높은 곳에 올라가도록 고가 사다리를 달고, 구급차 안에는 환자를 치료할 수 있는 의료 장비를 갖춰요. 견인차는 다른 차를 끌고 갈 수 있게 작은 크레인을 달고, 군용차는 차가 손상되는 위험한 상황에도 견디도록 튼튼하게 만들어요. 이런 차들 덕분에 우리 생활이 더 안전하고 편리해진답니다.

7종류의 소방차가 출동해요

소방차의 빨간색은 급하다는 의미와 위험이라는 의미를 담고 있죠. 불을 다루기 때문에 불을 상징하기도 해요. 외국에는 빨간색 외에도 다양한 색의 소방차가 있어요. 우리나라도 노란색 소방차처럼 용도에 따라 색을 달리 칠하기도 한답니다.

🚒 소방차는 여러 종류가 있어요

우리가 흔히 알고 있는 소방차는 사실 펌프차를 말해요. 펌프차에는 물탱크가 있어서 고압 분사기를 이용해서 물을 뿜어내요. 물탱크차는 펌프차에 물을 공급하는 차예요. 물 공급이 목적이어서 펌프차보다 훨씬 많은 물을 실을 수 있죠.

고가 사다리차는 긴 사다리가 달린 차예요. 높은 빌딩이나 아파트에 불이 났을 때 사람을 높은 곳에서 지상으로 실어 날라요. 소방관이 올라타서 높은 곳의 화재를 진압하기도 해요. 굴절사다리차는 고가 사다리차와 비슷하지만 관절이 달린 구조예요. 고가 사다리차가 일자로만 펴지는 반면 굴절 사다리차는 꺾인 형태로 펴져서 구석진 곳에도 쉽게 도달할 수 있어요.

🚒 불이 나면 7종류의 차가 꼭 출동해요

소방차를 도와주는 차도 있어요. 구조 공작차는 불을 끌 때 쓰는 장비를 싣고 다녀요. 불을 끄는 역할을 하지는 않지만 이 차가 있어야 다른 차와 소방관이 원활하게 불 끄는 작업을 해요. 화학차는 불을 끌 때 필요한 화학약품을 싣고 있어요. 물로 불을 끄기 힘든 화학약품 공장에 불이 났을 때 출동해요.

화재 현장을 밝게 비추는 조명차, 유독가스를 빼내는 배연차, 물을 전혀 쓸 수 없는 곳에 필요한 분말 소방차, 생물·화학 재난 때 사람을 구하는 생화학 인명 구조차, 다친 사람을 옮기는 구급차, 재난 현장을 수습하는 구조버스, 현장을 지휘하는 지휘차 등이 있어요.

불이 나면 119에 전화해요. 소방서에 신고가 들어오면 7종류의 차가 출동해요. '지휘차, 구급차, 구조버스, 구조 공작차, 펌프차, 물탱크차, 고가차'가 순서대로 불을 끄러 가요. 이 중에서 현장에서 필요 없는 차는 돌려보내고 나머지 차들이 작업해요.

🚒 소방차에게 길을 양보해야 해요

소방차가 아무리 성능이 좋아도 불이 난 곳에 일찍 도착하지 못하면 제 역할을 할 수 없어요. 신고가 접수되면 소방차는 1분 안에 출동한다고 해요. 이렇게 빨리 출동해도 길이 막히면 소용이 없어요. 길에서 소방차가 사이렌을 울리면 도로에 있는 차들은 소방차가 빨리 지나가도록 길을 터줘야 해요. 우리나라는 골목길이 많아서 커다란 소방차가 원활하게 다니기 힘들어요. 골목에 불법 주차한 차가 있으면 소방차가 들어가지 못하기도 하죠. 소방차가 잘 다닐 수 있게 평상시에도 질서를 지켜 잘 협조해야 한답니다.

좁은 길도 척척, 미니 소방차

좁은 골목길에 자동차까지 꽉 주차되어 있으면 불이 나도 소방차가 들어가기 힘들어요. 소방차 크기가 작다면 좁은 길도 문제없어요. 우리나라 한 중소기업에서 미니 소방차를 개발해서 판매하고 있어요. 오토바이, 미니 트럭 등 여러 형태로 나와요. 물탱크와 펌프, 소방호스 등 각종 소방 장비를 갖추고 있죠. 일반 자동차를 소방차로 개조하기도 해요. 주로 1톤 화물차나 그보다 작은 트럭을 소방차로 개조하죠. 짐칸에 물탱크와 호스, 펌프를 설치해 좁은 골목길을 누빈답니다.

119에 전화하면 구급차가 출동해요

아프면 병원에 가야 해요. 움직이지 못할 정도로 아프면 구급차를 불러야 하지요. 구급차는 아픈 사람을 실어 나르는 자동차예요. 병원까지 가는 동안에도 응급조치를 할 수 있도록 구급차에는 간단한 의료 기기를 갖춰 놓아요.

🚑 움직이는 작은 병원

구구급차는 움직이는 작은 병원이랍니다. 구급차는 영어로 '앰뷸런스ambulance'라고 불러요. 앰뷸런스는 야전병원이나 병원선, 부상병 수송기 등 임시로 환자를 치료하거나 실어 나르는 운반수단을 뜻해요.

구급차에는 환자를 눕히는 간이침대와 의료 장비, 의약품이 실려 있어요. 구급대원이 환자를 돌볼 공간도 갖췄죠. 일반적으로 미니밴이나 1톤 트럭, 미니버스를 개조해서 만들어요. 실내에서 이동하기 쉽도록 지붕을 높여요.

우리나라에는 현대차 스타리아나 쏠라티처럼 현재 판매하는 밴이나 미니버스를 개조해서 구급차로 사용해요. 한때 벤츠에서 만든 스프린터라는 미니버스도 국내에서 구급차로 쓰인 적이 있어요.

예전에는 구급차에 하얀색과 빨간색을 조합해서 칠했어요. 요즘에는 노란색, 빨간색, 하얀색을 적절히 조합해서 사용해요. 구급대원은 아래위 주황색 유니폼을 입고 모자를 써요. 예전에는 흰색 가운과 흰색 헬멧을 착용했답니다.

'119 구급대'가 거꾸로 써 있어요

구급차를 부르려면 119에 전화를 걸어야 해요. 중국이나 일본도 119가 구급 전화예요. 영국이나 홍콩은 999번, 미국은 911번 등 나라마다 구급차를 부르는 번호는 다르답니다.

> **법으로 규정되어 있는 구급차 장비**
>
> 구급차에는 후두경 등 기도삽관장치, 상처에 필요한 기본 장치, 휴대용 간이 인공호흡기, 산소호흡기 및 흡입기, 쇼크방지용 하의(MAST), 부목 및 기타 고정 장치, 경부·척추보호대, 자동제세동기, 휴대용 산소포화농도 측정기와 각종 의약품을 갖추어야 한다고 법으로 정해놓았어요.

구급차는 경광등이 번쩍이고 사이렌을 울려서 쉽게 알아볼 수 있어요. 앰뷸런스의 영문 표기는 반대로 적어요. 또는 '119 구급대'라는 글자가 거꾸로 적기도 해요. 글씨를 잘못 쓴 게 아니랍니다. 앰뷸런스 앞에 서 있는 차의 운전자가 룸미러로 봤을 때는 글씨가 바로 보여요. 앞차 운전자에게 앰뷸런스라는 사실을 알리는 방법이랍니다.

구급차가 지나갈 때는 길을 비켜줘야 해요. 구급차를 부를 수 없을 때는 집에 있는 차를 구급차로 이용할 수 있어요. 비상등을 켜고 병원에 가면 되는데 속도나 신호위반을 해도 나중에 응급실에서 관련 서류를 떼면 과태료나 벌점을 면제해줘요.

> **위급할 때만 이용해야 해요**
>
> 2021년 한 해 동안 구급차가 출동한 건수는 315만 건이에요. 이 중에 환자를 실어 나른 이송 건수는 177만 건이에요. 이송 건수 중에 일부는 응급하지 않은 데도 구급차를 타고 간 비응급 이송이에요. 응급과 무관한 사소한 이유로 부르거나, 굳이 응급차를 타지 않아도 되는데 119에 신고하는 사례도 많아요. 이런 비응급 신고가 늘면 진짜로 위급한 사람들이 피해를 볼 수 있어요. 국민안전처는 구급차를 허위로 출동시킨 사람에게 최대 200만 원의 과태료를 부과한답니다.

경찰과 범죄자만 탈 수 있는 경찰차

경찰차는 범죄를 막으러 갈 때나 범죄를 저지른 사람을 실어 나를 때 경찰들이 타는 차예요. 이 밖에도 경찰차의 역할은 매우 다양해요. 순찰과 검문, 사건 처리, 범죄자 호송, 검문, 교통위반 단속, 음주 단속 등 하는 일이 아주 많아요.

🚓 경찰차가 하는 일

우리나라에는 1921년에 처음 경찰차가 생겼다고 해요. 이때는 오토바이가 경찰차 역할을 했어요. 한국전쟁 이후에는 지프차가 경찰차로 쓰였어요. 지금 같은 세단형 승용차가 경찰차 역할을 하기 시작한 때는 1960년대랍니다.

　범죄자를 쫓아가 잡는 일은 경찰차의 중요한 임무 중 하나예요. 특히 차를 타고 도망가는 범죄자를 잡으려면 경찰차도 빨라야 해요. 일반 순찰차와 다르게 고속도로 또는 교통 순찰차는 중형급 차예요. 외국에는 성능이 좋은 스포츠카를 경찰차로 쓰기도 해요. 독일에서는 포르쉐를 경찰차로 쓰기도 하고 이탈리아에서는 람보르기니가 경찰차이기도 해요. 기름이 많이 나서 재정이 넉넉한 서아시아 국가는 벤틀리나 부가티, 페라리 등 값비싼 슈퍼카를 경찰차로 쓰기도 한답니다.

🚓 경찰차는 튼튼해요

경찰차의 구조는 일반 자동차와 크게 다르지 않아요. 겉에 경찰을 표시하는 하얀색과 파란색 페인트를 칠하고 사이렌을 울리고 번쩍이는 경광등을 달고 있죠. 안에는 앰프와 무전기, 녹화 장치 등을 갖췄어요. 범죄자를 실어야 해서 앞좌석과 뒷좌석 사이에 강화유리를 달아요. 뒷문은 범죄자가 열고 내리지 못하게 안에서는 열 수 없어요. 뒤 창문도 마찬가지예요.

경찰차는 아주 튼튼해야 해요. 주행거리도 길고 거의 종일 시동을 켜놓는 일이 많아요. 순찰할 때는 속도를 높이 내지 않고 주로 저속으로 달려요. 운전자도 수시로 바뀐답니다. 경찰차는 3년만 쓰게 돼 있고 1년 연장할 수 있어요.

암행 순찰차가 필요한 이유

일반 자동차와 거의 구분이 되지 않는 암행 순찰차는 2016년 시범 운영을 거친 후 도입되었어요. 현재 전국 곳곳에서 암행 순찰차가 활약하고 있어요. 처음에는 고속도로 위주로 운영하다가 지금은 일부 시내에서도 단속 업무를 한답니다.

🚓 다양한 모양의 경찰차가 있어요

차종은 경차부터 많은 사람을 태울 수 있는 승합차까지 다양해요. 보통 우리 주변에 많이 보이는 차는 중형급 경찰차예요. 도로 포장률이 낮은 지방이나 산악 지역에는 SUV 순찰차가 쓰여요. 한때 경차가 경찰차로 돌아다닌 적도 있답니다. 승합차는 주로 형사들이 많이 타요. 범죄 현장에 출동하거나 용의자를 검거하거나 호송하는 역할을 주로 해요.

암행 순찰차는 일반 승용차와 똑같이 생겼어요. 경찰차인지 모르게 돌아다니면서 법규를 위반한 사람들을 찾아내요. 주로 고속도로에서 활동해요.

한국형 스마트 순찰차

과거 경찰차에는 경광등과 사이렌 정도만 있었어요. 2000년대 후반에야 강화플라스틱 칸막이와 녹화 시스템, 위치추적장치를 추가했죠. 2017년부터는 스마트 순찰차를 도입했어요. 스마트 순찰차에서 가장 중요한 장비는 경광등 앞에 있는 멀티캠이에요. 이 멀티캠에는 적외선 센서가 달려서 낮이든 밤이든 상관없이 주변 자동차를 인식해요. 경찰청 데이터베이스와 연결되어서 수배 중인 자동차가 지나가면 실시간으로 확인할 수 있어요.

자동차의 응급 구조대, 견인차

자동차가 고장 나면 가까운 정비소에 가서 고칠 수 있어요. 하지만 아예 움직이지 못할 정도로 큰 고장이 나면 그곳까지 옮겨줄 자동차가 필요하죠. 자동차 뒤에 크레인이 달려 다른 자동차를 옮겨줄 수 있는 차가 바로 견인차랍니다.

🌐 불법주차한 차나 고장 난 차를 끌거나 싣고 가요

자동차는 2~3만 개의 부품으로 이루어져 있어요. 완벽하게 만들어도 종종 고장이 나요. 작은 고장은 바로 수리하지 않고 정비소를 찾아가면 돼요. 큰 고장이 나면 아예 차가 움직이지 않기도 해요. 엔진이나 변속기가 고장이 나면 차는 달리지 못해요. 이 밖에도 여러 이유로 차가 움직이지 못할 때가 있어요. 그럴 때는 다른 차의 도움을 받아서 수리할 수 있는 장소까지 이동해야 해요.

견인차는 고장 난 차를 끌고 가는 차예요. 작은 크레인이 있어서 차를 들어 올려 끌고 간답니다. 어떤 견인차는 아예 차를 싣고 가는 구조로 돼 있어요. 끌고 가지도 못할 정도로 고장 난 차는 실어서 옮겨야 해요. 차가 움직일 수 없을 정도로 부서지면 견인차의 도움을 받아요. 때로는 불법 주차한 차를 끌고 가요.

🚗 자동차의 응급 구조대

견인차는 보통 자동차의 뒷부분을 개조해서 만들어요. 트럭, SUV, 미니밴의 뒤쪽에 차를 견인할 수 있는 장치를 달아서 만든답니다. 승용차처럼 작은 차를 끌고 가는 견인차부터 대형 트럭이나 버스도 다룰 수 있는 큰 견인차까지 크기와 종류도 다양해요.

차가 고장 나거나 사고가 발생했을 때 보험사나 자동차 회사 긴급출동 서비스에 전화하면 견인차가 와요. 가끔 길에 서서 대기하는 견인차를 봤을 거예요. 그런 차는 개인이 운영하는 견인차예요. 길에서 기다리고 있다가 사고가 나면 바로 달려가죠.

견인차의 활동 영역은 매우 다양해요. 꼭 고장이 나지 않았어도 차를 견인해야 할 때가 있어요. 불법 주차를 단속하는 차는 주차구역이 아닌 곳에 서 있는 차를 끌고 가요. 강가나 바닷가 모래밭에 들어갔다가 빠져나오지 못할 때도 견인차의 도움을 받아요.

> **이끌어가는 역할에 비유되는 견인차**
>
> 견인차라는 말은 자동차와 전혀 상관없는 분야에서도 자주 볼 수 있어요. 주로 "선두에 서서 여러 사람을 이끌어가는 사람이나 단체"를 비유적으로 쓸 때죠. "새로 발견한 신소재가 산업의 견인차가 될 것이다" "뛰어난 인재가 우리나라 학문의 미래를 이끌 견인차다"라는 식으로 자주 사용한답니다.

🚗 힘을 받는 바퀴를 들어서 옮겨요

견인차가 자동차를 견인할 때는 주의해서 끌고 가야 해요. 자동차는 네 개의 바퀴 중에 힘을 받아 굴러가는 바퀴가 따로 있어요. 앞바퀴만 힘을 받는 차는 뒷바퀴가 따라 돌 뿐이에요. 뒷바퀴가 도는 차는 반대예요. 어떤 차는 네 바퀴가 다 힘을 받아 돌아요. 견인할 때는 힘을 받는 바퀴를 들어줘야 해요. 앞바퀴가 힘을 받는 차는 앞부분을 들어야 하죠. 네 바퀴가 다 힘을 받으면 끌고 가는 식으로 견인하면 안 돼요. 아예 차를 실어서 옮겨야 한답니다. 그래야 차 내부의 부품이 고장 나지 않아요.

총알도 막아내는 튼튼한 군용차

군대는 나라를 지키는 군인이 모인 특수한 조직이에요. 그 안에도 많은 차가 필요해요. 승용차, 버스, 트럭, SUV처럼 우리가 타는 차와 비슷한 차도 꽤 많아요. 그 밖에는 특수한 차예요. 군대에서 이뤄지는 훈련이나 전쟁이 났을 때를 대비한 전투를 수행하는 차라서 보통 차와는 달라요.

허머 군용차

군대에서 타는 차는 조금 달라요

지휘관이 타고 다니는 차는 주로 지프형 차예요. SUV처럼 생긴 차에 지붕을 천으로 덮었다 뗐다 할 수 있어요. 군용차는 대부분 트럭이에요. 무게에 따라 1.25톤, 2.5톤, 5톤, 10톤 등으로 구분해요. 이 트럭을 특수 목적에 맞게 개조해서 써요. 부상병을 후송하는 구급차로도 쓰고 대포를 실어 나르는 견인차로 이용하기도 해요. 작전을 수행하는 본부를 구성한 박스카, 통신 업무를 담당하는 통신용 자동차, 기름을 실어 나르는 유조차 등 다양한 용도로 사용해요. 무기를 달면 전쟁이 났을 때 공격용 자동차 역할을 해요. 기본적으로 이 차들은 군인을 실어 나르는 용도로 쓰여요. 적재함은 짐 싣는 곳이자 사람이 타는 공간이에요. 상황에 따라 천으로 가리거나 열 수 있어요.

🚙 군용차는 구조가 간단해요

군용차는 고장이 나도 쉽게 고칠 수 있어야 해요. 부품이 없을 때는 비슷한 것으로 끼워 맞춰서 수리해야 하죠. 구조가 간단한 만큼 일반 자동차에 있는 편의장비는 거의 없는 편이에요. 운전하기가 힘들고 불편할 뿐 아니라 속도도 느립니다. 하지만 힘이 아주 좋고 차체도 튼튼해요.

각 부대는 군용차를 여러 대 보유하고 관리하는 부서를 따로 둬요. 수송부는 자동차를 관리하고 운전하는 군인이 모인 부서예요. 아예 군용차만 관리하는 수송부대가 따로 있기도 해요. 군용차 운전은 운전병이 해요. 군용차는 일반 자동차와 다루는 방법이 달라서 운전면허가 있어도 군대에 들어가면 따로 운전을 배워야 해요.

운전병이 되고 싶어요

군인 선발을 담당하는 관청인 병무청은 매월 기술행정병으로 운전병을 선발해요. 신청하기 전에 운전면허증은 당연히 있어야겠죠? 기술행정병에 지원하지 않더라도 운전면허증이 있으면 군대에 들어가서 운전병 주특기를 받을 기회가 생겨요. 운전병이 되면 5주 동안의 별도 훈련을 받은 뒤 부대에 배치된답니다.

🚙 군용차로도 유명한 차

지금은 사라진 브랜드지만 미국의 허머라는 차는 튼튼한 SUV로 유명했어요. 이 브랜드는 일반 모델과 비슷하게 생긴 군용차도 만들었어요. 독일 벤츠가 만드는 G바겐(G-클래스)이라는 SUV는 험로를 다니는 오프로드용 SUV로 명성이 높아요. 이 차도 세계 각국에서 군용차로 활용되고 있어요.

메르세데스-벤츠 G-클래스

다양한 종류의 특수차

세상에는 다양한 종류의 자동차가 있어요. 자동차의 기본 임무는 사람을 태우고 짐을 실어 나르는 일이에요. 이 밖에도 자동차는 많은 일을 한답니다. 자동차의 종류는 매우 다양해서 우리가 생각지도 못한 일을 하는 차가 있어요.

다양한 일을 하는 트럭

덤프트럭은 흙이나 자갈을 실어 나르는 차예요. 물건을 싣는 부분을 들어 올려서 원하는 곳에 쏟아붓지요. 흙, 자갈, 돌을 사람이 퍼 내리지 않아도 돼요. 탱크로리는 기름이나 물, 화학 약품이나 우유 등 다양한 종류의 액체를 싣고 다니는 차예요.

도로를 청소하는 차는 커다란 솔이 달렸고 물도 뿌릴 수 있어요. 쓰레기나 먼지를 빨아 들이고 물을 뿌려 도로를 깨끗하게 만든답니다. 청소차는 자동으로 쓰레기를 차 안의 수집 공간으로 집어넣어요. 제설차는 눈을 녹이는 염화칼슘을 뿌리는 장치가 달렸고 눈을 밀어버리는 기구가 붙어 있어요.

🚙 특수한 용도에 사용해요

장갑차는 군대나 경찰에서 주로 써요. 단단한 철판으로 둘러싸여 군인이나 경찰을 안전하게 태우고 작전을 수행할 수 있어요. 지뢰제거 자동차는 땅 속의 지뢰를 탐지해 제거해요. 지뢰가 폭발해도 끄떡없을 정도로 튼튼하답니다.

운전을 할 수 없는 장애인의 이동을 돕는 자동차는 장애인이 쉽게 탈 수 있게 시트가 자동으로 움직여요. 리프트가 달려서 휠체어를 탄 채로 차에 바로 탈 수 있어요.

> **건설용 장비도 특수차**
>
> 땅을 파는 굴삭기, 두껍고 단단한 땅을 뚫는 굴착기, 땅 위의 흙이나 쓰레기 등을 밀어내는 불도저, 콘크리트를 운반하는 레미콘, 무거운 짐을 들어 올리는 지게차, 땅속 1000m까지 뚫고 들어갈 수 있는 락드릴 등 건설과 건축 현장에는 다양한 특수차가 있답니다.

🚙 특수한 목적을 위해 개조해요

앰뷸런스와 달리 병원 버스는 이동하는 병원 역할을 해요. 병원이 없는 지역에 가서 간이 병원이 되기도 하고, 단체로 신체검사나 건강검진을 받아야 하는 곳에서 여러 사람이 이동해야 하는 번거로움을 줄이기도 해요.

이동도서관은 책을 많이 가지고 다니는 도서관이에요. 시골이나 도서관이 없는 지역에 책을 가득 싣고 가서 대여해 주는 역할을 한답니다.

헌혈차는 헌혈하는 장비를 갖추고 있어요. 사람이 많이 오가는 곳에 자리를 잡고 헌혈을 원하는 사람이 그 자리에서 피를 뽑을 수 있게 한답니다.

비행기가 뜨고 내리는 공항도 특수차가 많은 곳이에요. 비행기는 스스로 움직일 수 있지만 이륙할 때 활주로로 들어서거나 착륙한 후에 공항 시설로 이동하는 동안 잠시 비행기를 끌어당기는 자동차의 도움을 받아요. 작은 컨베이어 벨트가 달려서 비행기에 짐을 싣거나 내리는 자동차도 있어요.

못다 한 이야기 7

자동차 종류별 무게와 속도

영화를 보면 힘이 센 주인공이 나와 자동차를 들어 옮기는 장면이 나와요. 사람이 힘이 세면 그럴 수 있을까요? 가장 가벼운 경차도 보통 무게가 1000kg 가까이 나가요. 자동차는 우리가 생각하는 것보다 무겁답니다.

자동차 무게는 모두 달라요

자동차의 크기와 무게는 다 달라요. 용도와 목적이 달라서 무게에 차이가 나요. 자동차의 주재료는 철판이에요. 차가 커지면 무게가 무거워질 수밖에 없어요. 자동차는 가벼우면 기름도 덜 먹고 더 빨리 달릴 수 있어요. 자동차의 무게는 늘 변해요. 타는 사람의 몸무게만큼 늘어나고 싣는 짐의 무게만큼 무거워져요. 버스에 40명이 타면 한 명의 몸무게를 60kg 정도라고 할 때 2400kg이나 무게가 늘어요.

경주차는 빨리 달리도록 가볍게 만들어요. 철판으로는 무게를 줄이기 힘들어서 탄소섬유처럼 가벼운 재료를 쓰죠. 보통 600kg 정도 된답니다. 차 중에 가장 작은 경차는 900~1000kg 정도 무게가 나가요. 작아 보이지만 어린이 몸무게의 20~30배 정도는 돼요. 소형차나 대형차는 1000~2000kg 사이예요. 덩치 큰 세단이나 SUV의 무게는 2000kg이 넘어요. 승용차는 무거워도 3000kg을 넘기지 않아요.

전기차는 엔진이 달린 자동차보다 무게가 더 나가요. 전기 모터에 전기를 공급하는 배터리가 크고 무거워서 차 전체 무게도 늘어나요.

볼보 XC40

트럭은 특히 무거워요

트럭이나 버스는 덩치가 커서 아주 무거워요. 주변에서 흔히 볼 수 있는 1톤 트럭의 무게는 1700kg 정도 돼요. 1톤은 짐을 1톤까지 실을 수 있다는 뜻이에요. 덤프트럭처럼 큰 트럭은 더 무거워요. 차 무게만 10톤이 넘어요. 25톤이나 40톤이라는 표시는 실을 수 있는 짐의 무게예요. 짐을 다 실은 덤프트럭의 무게는 많게는 40~50톤까지 나간답니다.

버스도 아주 무거워요. 보통 15톤 정도 나가요. 트럭처럼 짐을 많이 싣지는 않지만 사람이 많이 타서 사람 무게만큼 무거워져요.

엔진의 성능이 속도를 좌우해요

자동차의 크기나 무게와 속도가 꼭 비례하지는 않아요. 힘을 내는 엔진이 얼마나 강력하냐에 따라서 속도는 달라진답니다. 만약 크기와 무게가 비슷한 차라면 엔진이 강할수록 속도도 빨라지겠죠.

1L짜리 엔진을 얹은 경차는 시속 160km 정도까지 속도가 나요. 준중형차는 시속 200km 정도 나온답니다. 보통 중형차 이상은 최고 속도가 시속 200~300km 사이예요. 스포츠카는 시속 300km를 넘고, 어떤 차는 시속 400km 이상 나오기도 해요.

안전을 위해서 속도를 제한하기도 해요. 미국에서는 시속 210km 이상 나오지 않도록 만들고, 독일차는 시속 250km까지만 속도를 낼 수 있게 해요.

고속버스는 시속 150km 안팎까지 속도를 올릴 수 있어요. 하지만 안전을 위해서 시속 110km 이상 내지 못하게 해놨어요. 5톤 이상 되는 트럭은 시속 90km 이상 낼 수 없어요. 이런 제한 장치가 없다면 속도를 더 낼 수 있답니다.

기아 모닝

아우디 R8

8부

탈것의 역사

BMW C 400 X

엔진 달린 자동차는 19세기 후반에 발명되었지만, 바퀴 달린 탈것으로 따지면 역사는 훨씬 길어요. 바퀴는 기원전 5000년경 발명됐어요. 이후 바퀴를 응용한 이동수단이 하나둘 생겼어요. 수레에서 시작해 마차, 자전거, 기차, 오토바이 등이 선보였죠. 자동차는 바퀴 달린 탈것의 역사에서 비교적 최근에 생긴 이동수단이라고 할 수 있어요. 탈것의 역사에서는 힘을 어디서 얻는지에 따라 큰 변화가 일어나요. 수레를 말이 끌면서 마차로 발전했고, 자전거는 사람의 힘을 이용해서 움직였어요. 자전거에 사람 대신 기관의 힘을 이용하면서 오토바이가 생겨나요. 증기를 이용해 힘을 얻는 기차나 자동차는 연료를 태워 힘을 내는 엔진이 발명되면서 새로운 시대를 맞이해요. 미래에는 바퀴 달린 탈것이 더 발전해서 획기적인 새로운 이동수단이 나올 수도 있어요.

타이탄 테렉스

인류 움직이다

지금으로부터 100만 년 전 인류는 허리를 펴고 두 발로 걷기 시작했어요. 그때의 인류를 '선 사람'이라는 뜻의 호모 에렉투스라고 불렀어요. 그때부터 인류는 두 팔이 자유로워졌고 도구를 만들 수 있게 되었어요.

🚗 처음으로 이동 도구를 사용하다

사람은 두 다리로 걷거나 뛰어요. 두 발로 뛰면 속도도 느리고 체력의 한계에 부딪혀서 무한정 갈 수 없어요. 짧은 시간에 멀리 가기도 힘들어요. 오래전 구석기 시대 사람들은 사냥해서 잡은 짐승을 직접 들어 날랐어요. 사는 곳을 다른 지역으로 옮길 때도 일일이 짐을 옮겼어요. 사람의 힘이 절대적이었지요.

구석기 시대가 끝나갈 무렵에는 나무토막을 사용했어요. 나무토막을 엮어서 평평하게 만들고 끈을 달아 짐을 실어 날랐어요. 핀란드에서는 기원전 7000년경에 사용하던 이동용 나무판이 발견됐어요. 이런 이동 도구를 사용하면 사람이 직접 실어 나를 때보다 편했지만, 사람이 끌어야 해서 이동에는 한계가 있었어요.

👟 신발을 발명하고 가축을 이용해요

신발은 인류의 움직임에서 중요한 역할을 했어요. 인류 초창기에는 나뭇잎이나 풀로 발을 가렸어요.

사냥을 하게 되면서 부산물로 생긴 동물의 가죽으로 발을 감쌌어요. 두 다리가 유일한 이동 도구였던 때인 만큼, 발을 다치면 제대로 걸을 수 없어서 발을 보호하는 일이 중요했어요. 이집트에서는 파피루스로 만든 샌들을 신었다고 해요. 이후에 천이나 양가죽 등 다양한 재료를 이용한 샌들이 나왔어요.

기원전 5000년경부터는 야생동물을 길들여 가축으로 키웠어요. 그중에서 말이나 소는 직접 타기도 하고 나무판에 실은 짐을 옮기게도 했어요. 동물을 이동수단으로 이용하면서 좀 더 빠르게 이동하고 많은 짐을 실어 나를 수 있게 됐어요.

> ### 신발이 필요한 이유
>
> 두 발로 걸으면 발에 가해지는 충격과 무게가 더 커요. 네 발로 걸을 때는 무게가 네 부분으로 나뉘는데, 두 발로 걸으면 몸의 무게가 두 발에게 가해지죠. 그래서 돌이나 나뭇가지 등을 밟았을 때 다칠 위험이 더 커요. 신발은 그래서 꼭 필요하답니다.

🌑 물을 건너는 방법이 가장 먼저예요

사람들은 날 수 없어서 하늘로 다니지 못한 대신 물을 이용했어요. 나무가 물에 뜬다는 사실을 안 인류는 한 팔로 통나무를 안고 다른 팔로 물을 저어 건넜어요.

구석기 시대에는 나무 여러 개를 엮어서 뗏목을 만들거나 갈대를 모아서 물을 건너는 데 사용했어요. 구석기 시대 후반에는 활발하게 사냥을 하면서 가죽을 이용해 배를 만들었어요. 가죽을 꿰매 공기를 불어넣어 배처럼 이용한 거죠. 마치 물에 뜨는 풍선 같았어요.

신석기 시대에는 도구가 발달하면서 나무의 가운데를 파내어 배의 형태로 만들었어요. 실제로 배를 이용한 흔적이 발견됐어요. 노는 기원전 7300년경에, 통나무배는 기원전 6300년경에 사용했다고 해요.

> ### 두 발 걷기가 가져온 변화
>
> 인간은 100만 년 전부터 허리를 꼿꼿이 펴고 두 발로 걷기 시작했다고 해요. 이것을 직립 보행이라고 불러요. 호모 에렉투스 Homo Erectus라는 말은 '곧게 선 사람'이라는 뜻이에요. 곧게 서서 두 발로 걸으면서부터 인간은 전보다 시선이 높아지고 팔도 자유롭게 사용할 수 있게 되었어요. 시선이 높아지면 더 먼 곳까지 볼 수 있어요. 멀리서 오는 천적을 피하거나 먹잇감을 찾기도 쉬워졌죠. 팔을 자유롭게 쓰면서 두 손으로 도구를 만들 수 있게 되었답니다.

굴림대와 바퀴에서 수레로

인류의 가장 훌륭한 발명품으로 바퀴를 꼽아요. 바퀴를 발명하면서 무거운 짐을 멀리까지 옮길 수 있게 되었죠. 문명의 시작이 바퀴와 함께했다는 말이 나올 정도예요.

처음에는 굴림대를 이용했어요

옛날 사람들은 썰매처럼 생긴 나무판을 동물이 끌게 해서 물건을 실어 날랐어요. 사람이 나를 때보다 많은 짐을 수월하게 옮겼지만 단점도 있었죠. 굴곡이 많은 길에서는 사용하기 힘들었고 멀리 가기도 어려웠어요.

사람들은 머리를 써서 굴림대를 발명했어요. 굴림대는 일종의 롤러스케이트 같은 거예요. 물건을 실은 나무판과 땅 사이, 또는 물건과 땅 사이에 통나무처럼 생긴 가늘고 긴 둥근 물체를 집어넣으면 쉽게 옮길 수 있다는 사실을 알아냈어요. 기원전 5000년경부터 메소포타미아, 이집트, 아시리아 등지에서 굴림대가 쓰였다고 해요.

바퀴를 발명하다

고대 왕국이 융성한 이집트나 아시리아에서는 궁전이나 사원을 지을 때 커다란 나무와 돌이 필요했어요. 이것들을 실어 나르기 위해 굴림대를 쓰고 말이나 소가 끌게 했어요. 이집트의 피라미드는 세계 7대 불가사의로 꼽혀요. 거대한 건축물을 지을 재료를 옮길 때 굴림대를 사용했다고 해요. 굴림대는 획기적인 발명품이었지만 불편했어요. 고르지 못한 땅에서는 쓰기 힘들었고 먼 거리를 이동하기도 어려웠어요. 굴림대를 발전시킨 것이 바퀴예요.

바퀴는 기원전 5000년경 발명됐다고 해요. 통나무를 둥근 형태로 잘라 구멍을 뚫고 사용했죠. 기원전 3500년경에는 메소포타미아 지역에 살던 수메르인들이 세 조각의 두꺼운 판자를 짜 맞춰서 만든 바퀴를 발명했어요. 이후 딱딱한 바퀴가 튀지 않도록 동물 가죽을 두르기도 하고, 좀 더 단단하게 만들려고 청동판을 붙이는 등 계속해서 발전을 거듭했답니다.

통나무 바퀴는 세로로 잘랐어요

쉽게 생각하면 나무를 가로로 잘라서 가운데 구멍을 뚫으면 금방 바퀴를 만들 수 있어요. 하지만 그렇게 하면 무게가 가해질 때 나무가 쉽게 갈라졌어요. 그래서 나무를 세로로 잘라 둥글게 다듬어서 바퀴를 만들었을 거라고 인류학자들은 추측하고 있어요. 세 조각의 판자를 이은 것도 바퀴를 튼튼히 하기 위해서랍니다.

바퀴와 함께 수레가 발명됐어요

바퀴가 나오면서 수레도 생겼어요. 수레 역시 기원전 3800년경에 수메르인들이 만들었다고 해요. 썰매 밑바닥에 긴 축을 고정하고 양 끝에 바퀴를 끼운 모양이었어요. 이 당시 수레는 사람이 끌었다고 해요. 사람이 끌어야 해서 크게 만들 수 없었어요.

수레가 널리 쓰이고 경제활동이 활발해지면서 더 많은 짐을 실을 수레가 필요했어요. 수레의 크기를 키우려면 사람보다 힘이 센 무엇인가가 수레를 끌어야 해요. 사람들은 가축으로 눈을 돌렸어요. 이미 기원전 5000년경에 염소, 양, 돼지, 소, 말, 낙타 등을 가축으로 키웠어요. 이 중에서 소와 말이 수레를 끌기에 적합했어요.

말은 길들이기 힘들었지만 소는 유순하고 말보다 힘이 세서 처음 수레를 끄는 데는 소가 주로 쓰였답니다.

말이 끄는 마차

말은 특별한 동물이에요. 자동차가 나오기 이전까지는 말이 중요한 교통수단이었어요. 말이 사람과 함께 살기 시작한 때는 기원전 3000년경 이전이라고 해요.

🔴 빠르고 날렵한 말

마차는 말이 끄는 수레예요. 마차 이전에는 소가 수레를 끌었어요. 마차를 본격적으로 이용하기 시작한 때는 기원전 2000년경부터라고 해요. 말은 소보다 힘이 약하지만 훨씬 빨리 달릴 수 있었죠. 주로 전투용으로 쓰였어요.

🔴 본격적인 이동수단이 되었어요

메소포타미아에서 발견된 벽화에는 바퀴 2개를 단 전차에 두 사람이 탄 모습이 그려져 있어요. 한 명은 두 필의 말을 조종하고 한 명은 적을 향해 활을 쏘는 장면이에요. 이집트 벽화에도 전차 그림이 있어요. 중국 은나라와 주나라에도 '사마'라고 하는 네 마리 말이 끄는 전차가 있었다고 전해져요. 당시 왕의 무덤에서는 마차가 발견됐어요.

기원전 8세기부터 마차 대신 직접 말을 타고 전쟁하는 식으로 바뀌었어요. 전쟁에서 마차의 활용이 떨어지면서 마차는 사람이 타거나 짐을 실어 나르는 용도로 더 많이 쓰이게 됐어요. 바퀴도 2개에서 4개로 늘었답니다. 이후 마차는 본격적인 이동수단으로 자리 잡았어요.

자동차는 배기가스, 마차는?

마차는 자동차가 발명되고도 한참 뒤까지 가장 많이 이용된 이동수단이었어요. 자동차가 널리 퍼지기 시작한 1900년대 초중반까지도 마차가 거리를 뒤덮었죠. 자동차는 연료를 소비하고 배기가스를 배출해요. 마차는 말이 먹을 짚과 물을 항상 준비해야 했죠. 게다가 말이 길에서 똥오줌을 싸서 도로는 늘 지저분했다고 해요.

마차에서 자동차로

17세기에는 아메리카 대륙에 진출한 백인들이 동부에서 서부로 이동했어요. 큰 마차를 만들어 짐을 싣고 가족 전부가 떠났어요. 짐이 많고 그 안에서 사람이 잠을 자고 쉬어야 해서 마차의 뒷부분을 천으로 감쌌어요. '포장마차'라는 이름도 여기에서 유래했답니다. 서부 개척 시대 마차는 영화에서도 자주 볼 수 있어요. 포장마차 외에도 우편 마차가 널리 쓰였답니다.

마차는 자동차 발전에도 영향을 끼쳤어요. 초기 자동차는 마차에 엔진을 얹은 형태였어요. 말이 없는 마차인 셈이에요. 자동차 중에서 문이 2개 달린 형태인 쿠페는 마부가 바깥에 타는 2인승 네 바퀴 마차에서 유래한 이름이에요. 세단 뒤를 짐 싣는 공간으로 개조한 왜건은 포장마차를 가리켜요. 특히 미국 서부 개척 시대의 포장마차와 연관이 깊어요.

볼보 V60 크로스컨트리

사람의 동력으로 움직이는 자전거

바퀴는 수천 년 동안 인류 문명을 이끌어왔죠. 산업혁명을 거치면서 바퀴를 이용한 이동수단이 생기기 시작했어요. 발명가들은 사람의 힘으로 움직이는 작고 가벼운 탈것을 발명하려고 애썼어요.

🚲 바퀴로 움직이는 작고 가벼운 탈것

탈것을 만들려는 수많은 아이디어가 나왔는데 그중 하나가 목마에 바퀴를 달아 움직이게 하는 것이었어요. 1791년 프랑스 귀족인 콩트 메데 드 시브락Conte Mede de Sivrac이란 사람은 목마에 2개의 바퀴를 달아 이동하는 기구를 만들었어요. 위에 올라타서 두 발로 밀고 나가는 구조예요. 이 기구가 최초의 자전거라고 해요. 이 기구는 '빨리 달리는 기계'라는 '셀레리페르Célérifère'라고 불렸어요. 또 '슈발드부아Cheval de Bois'라고도 했는데 '목마'라는 뜻이에요.

셀레리페르의 앞 부분은 말이나 사자 등 다양한 모양으로 꾸몄어요. 요즘에도 아기들이 타고 노는 바퀴 달린 목마처럼 말이죠. 당시에도 이동수단이라기보다는 귀족들이 가지고 노는 탈것이었다고 해요.

1817년 자전거의 등장

요즘 같은 자전거의 시초는 1817년에 나왔어요. 바덴 대공국의 남작인 카를 폰 드라이스Karl von Drais는 숲을 관리하는 책임자였어요. 그는 공학자이기도 했는데 넓은 숲과 땅을 관리하면서 가볍게 타고 다닐 무엇인가를 개발하기로 마음먹었어요. 삼각형 차체에 안장을 붙이고 크기를 줄인 마차바퀴를 달아 자전거를 완성했어요. 요즘 자전거와 달리 페달 없이 사람이 발로 땅을 차며 나아가는 구조였어요. 1818년 정식으로 사람들 앞에 선보이고 특허도 받았어요.

이 기구는 드라이스의 이름을 따서 '드라이지네Draisine'라고 불렀대요. 나중에는 '벨로시페드Velocipede'라고도 불렀는데 '빠른 발'이라는 뜻이에요. 드라이지네는 자전거의 시초예요. 드라이지네를 만든 드라이스는 '자전거의 아버지'로 여겨진답니다.

> **자전거 체인의 발명**
>
> 커다란 앞바퀴에 올라타는 페니파딩은 넘어졌을 때 크게 다칠 위험이 있었어요. 영국의 제임스 스탈리라는 사람은 커다란 뒷바퀴 2개 사이에 안장을 넣고, 작은 앞바퀴로 방향을 조정하는 자전거를 발명했어요. 이 자전거에서 드디어 크랭크와 체인이 생겼죠. 이때부터 바퀴와 안장이 멀리 떨어진 현대식 자전거가 개발될 수 있었답니다.

페달이 달렸어요

1839년에는 스코틀랜드 드럼란리그에 살던 커크패트릭 맥밀란Kirkpatrick Macmillan이라는 대장장이가 페달을 발명했어요. 사람이 발로 페달을 돌리면 뒷바퀴가 돌아가는 구조죠. 페달이 없는 드라이지네의 속도는 시속 15km 정도였는데 맥밀란의 자전거는 시속 20km까지 속도가 났다고 해요. 이후에도 드라이지네를 불편해하던 사람들이 계속해서 페달을 달려고 시도했어요. 1860년 프랑스의 마차 수리공인 피에르 미쇼와 그의 아들 에르네스 미쇼도 페달을 발명했어요. 이들이 만든 자전거는 현대적인 자전거의 시초가 됐어요.

ⓒ Lyndon McNeil

오토바이의 등장

오토바이는 자전거를 개량해서 만든 탈것이에요. 발로 굴러가는 자전거를 불편하게 여기던 사람들은 체인과 페달을 발명했어요. 여기에서 한 발 더 나아가 '사람이 힘을 쓰지 않고 달릴 수는 없을까?'라는 생각을 한 발명가들은 자전거에 엔진을 다는 시도를 했어요.

BMW C 400 X

라이트바겐

최초의 오토바이, 아인스퍼

오토바이는 영어 단어 오토바이시클autobicycle을 줄여서 부르는 이름이에요. 이 말은 '자동auto으로 달리는 자전거bicycle'이라는 뜻이죠. 보통 외국에서는 모터사이클, 오토바이크, 모터바이크, 바이크 등으로 부른답니다.

　미국 발명가인 실베스터 로퍼Sylvester Roper(1823~1896)는 벨로시페드Velocipede(자전거)에 증기기관을 달았어요. 증기 벨로시페드는 박람회에 출품되었어요. 로퍼는 증기 벨로시페드가 언덕도 힘들이지 않고 올라가고 말보다 빨리 달린다고 선전했어요. 이를 입증하기 위해 사람들 앞에서 실제로 운행하기도 했어요. 안타깝게도 로퍼는 시연하는 도중에 심장마비로 죽고 말았답니다.

요즘처럼 엔진이 달린 오토바이의 시초는 고틀리프 다임러와 빌헬름 마이바흐가 만든 라이트바겐Reitwagen이에요. 아인스퍼Einspur라고도 불렸죠. 다임러는 초창기 자동차 개발자로 유명한 사람이에요. 다임러는 같이 일하던 기술자인 빌헬름 마이바흐와 함께 아인스퍼를 만들었어요. 아인스퍼는 자동차를 개발하는 과정에서 엔진을 실험하려고 만든 도구예요. 생긴 게 오토바이와 비슷해요. 2개의 큰 바퀴와 2개의 작은 바퀴로 구성돼 있어요.

현대적 오토바이의 시초

본격적인 오토바이는 하인리히 힐데브란트Heinrich Hidebrand, 빌헬름 힐데브란트Wilhelm Hidebrand 형제와 알로이스 볼프뮬러Alois Wolfmüller라는 사람이 만들었어요. 금속 차체에 공기 타이어가 달린 형태였어요.

프랑스에서는 알브레트 드 디옹Albert De Dion 백작과 조르주 부통Georges Bouton이 발명한 '드디옹-부통De Dion-Bouton 엔진'를 단 세 바퀴 오토바이가 만들어졌어요. 이 오토바이는 많은 인기를 끌었답니다. 러시아 태생으로 파리로 이민 온 베르너 형제는 엔진을 몸체의 가운데에 설치한 오토바이를 만들었어요. 이 오토바이는 현대적 오토바이 모양의 시초가 된 첫 모델이랍니다.

오토바이는 탈것으로 자동차와 경쟁했어요. 자동차는 1908년 미국 포드사의 모델 T가 나오면서 가격도 싸지고 급속하게 발전했어요. 자동차가 주요 이동수단이 되면서 오토바이는 생활용 탈것보다는 레저나 스포츠용으로 더 많이 쓰이기 시작했어요. 요즘에도 자동차 보급이 덜 된 나라에서는 오토바이를 운송수단으로 많이 타요.

혼다 오토바이

새로운 문물의 전시장, 박람회

1500년대부터 대항해 시대가 열렸어요. 유럽의 강한 나라들은 아메리카와 아프리카 등지를 점령하면서 다양한 동식물과 문화를 가져왔어요. 1700년대 후반부터 과학기술도 급속히 발달하죠. 새로운 발명품도 늘어났어요. 이때부터 유럽에는 '박람회' 문화가 생겼어요. 박람회는 주제별로 새로운 문물을 전시하고 판매도 하는 행사였어요.

박람회에는 전에 볼 수 없던 물건들을 전시했어요. 텔레비전도 컴퓨터도 없던 당시에는 박람회가 큰 볼거리였어요. 유럽에서는 경쟁적으로 박람회를 열었고, 그때마다 새로운 발명품이 나왔죠. 박람회는 지금도 여러 나라에서 다양한 분야로 열리고 있답니다.

인류의 활동 영역을 넓힌 증기기관차

물을 끓이면 수증기가 나와요. 이 수증기를 가두었다가 내뿜게 하면 큰 힘을 내요. 이 힘을 이용한 기관이 바로 증기기관이에요. 증기기관이 발명된 뒤로 기차와 철도 시대가 열렸어요. 인류는 공간의 자유를 얻었답니다.

캐치미후캔

로켓

🚂 증기기관이 먼저 만들어졌어요

증기기관차는 증기기관을 이용해 달리는 기차예요. 증기기관은 수증기의 힘을 이용해서 힘을 내는 기관이죠. 1712년에 토머스 뉴커먼Thomas Newcomen(1663~1729)이 증기기관을 만들었어요.

스코틀랜드의 제임스 와트James Watt(1736~1819)는 증기기관을 수리하다가 큰 결함이 있다는 사실을 알아냈어요. 그는 수증기의 손실을 줄이고 효율성을 높이기 위해 응축기라는 부속을 달았어요. 1765년 제임스 와트는 왕복운동을 하는 증기기관을 만들었어요.

와트의 증기기관은 이전보다 4배나 효율이 좋았다고 해요. 와트는 당시 볼턴이라는 기업가와 1775년 '볼턴앤드와트Bolton & Watt'라는 회사를 차렸어요. 증기기관은 다양한 곳에 쓰였어요. 광산, 운하, 양조장, 제분소 등 여러 곳에서 증기기관을 이용했어요. 1775년부터 1800년까지 400대에 이르는 증기기관을 판매했다고 해요.

🚂 증기기관차의 탄생

제임스 와트의 증기기관은 공기의 압력 정도만 만드는 저압 기관이었어요. 증기기관차를 움직이려면 부피가 작고 높은 압력을 낼 수 있는 고압 증기기관이 필요했어요.

영국의 리처드 트레비식Richard Trevithick(1771~1833)은 고압 증기기관을 이용해 증기기관차를 처음 만들었어요. 1804년 선보인 트레비식의 증기기관차는 무게가 5톤이나 나갔어요. 70명의 사람이 타고 석탄차까지 합친 무게는 25톤이나 됐어요. 이렇게 무거운데도 시속 8km의 속도로 달렸다고 해요.

트레비식은 1808년 기관차 '캐치미후캔Catch-Me-Who-Can'을 만들었어요('따라잡을 수 있으면 따라와'라는 재미있는 이름이에요). 영국 런던에서 원형 서킷을 만들고 시연했는데 기차의 무게를 견디지 못한 궤도가 부서지는 바람에 전시는 못했다고 해요.

🪨 철도 시대의 시작

본격적으로 철도 시대를 연 사람은 조지 스티븐슨George Stephenson(1781~1848)이에요. 트레비식의 증기기관을 개량해 1825년 로코모션Locomotion이라는 기차를 만들었죠. 이 기차는 시속 39km까지 속도를 냈어요. 그리고 최초의 석탄 수송 철도인 스톡턴-달링턴 노선에 투입됐어요.

1829년에는 증기기관차의 표준 모델이라고 할 수 있는 '로켓Rocket' 호가 등장했어요. 당시 증기기관차 경진대회에서 시속 48km의 속도로 우승을 했답니다. 로켓은 최초의 여객용 노선인 리버풀-맨체스터 노선을 다녔어요. 이 노선은 운행을 시작한 지 1년 만에 50만 명이 이용할 정도로 인기를 끌었답니다.

> **석탄 확보가 중요했어요**
>
> 증기기관이 움직이려면 물을 끓여야 했어요. 처음엔 나무를 태웠죠. 나무가 부족해지자 석탄을 연료로 사용했어요. 탄광에서 석탄을 캐내려면 고인 물을 빼내야 했어요. 토머스 세이버리Thomas Savery(1650~1715)라는 사람은 1698년에 증기 양수펌프를 개발했어요. 효율성이 낮아서 그리 많이 쓰이지는 않았죠. 토머스 뉴커먼은 1712년 증기의 힘으로 2.5톤의 물을 30m 깊이에서 퍼 올리는 데 성공했어요. 이 증기기관은 탄광의 물을 빼내는 데 널리 쓰였어요.

대륙을 잇는 기차의 활약

TGV

아주 먼 거리를 갈 때에는 속도가 빠른 비행기를 타야 해요. 바다 건너 있는 나라를 갈 때 배를 탈 수도 있지만 느려서 시간이 오래 걸려요. 땅에는 기차가 있지만 비행기만큼 빠르지는 않아요.

비행기는 빠르지만 불편해요

먼 거리를 빨리 가야 할 때는 비행기가 가장 좋은 이동수단 같지만 꼭 그렇지는 않답니다. 비행기는 활주로를 갖춘 공항에서만 뜨고 내릴 수 있어요. 하늘로 다녀서 날씨가 좋지 않으면 뜰 수 없어요. 사고 확률이 낮긴 하지만 한번 사고가 나면 아주 위험하죠. 공항에서 타고 내릴 때 수속하는 시간도 오래 걸려요.

기차는 많은 사람이 이용할 수 있어요

기차는 비행기보다 느리지만 기차역은 공항보다 많아서 짧은 거리를 빨리 갈 때 편리해요. 기차는 철로 위를 달려서 안전하고 날씨의 영향을 덜 받아요. 정해진 대수만 움직여서 막히지도 않지요. 수속이 간편해서 짧은 거리라면 오히려 비행기보다 목적지에 빨리 도착해요.

기차는 객차를 여러 대 연결하면 그만큼 많은 사람을 실어 나를 수 있어요. 비행기보다 훨씬 많은 사람을 태워요.

요즘에는 빠르게 달리는 고속철도가 널리 다니고 있어요. 고속철도는 시속 300km 정도로 아주 빠르게 달리는 기차예요. 세계에서 가장 먼저 고속철도가 다니기 시작한 나라는 일본이에요. 1964년 '신칸센'이라고 부르는 고속철도가 시속 210km에 이르는 빠른 속도로 운행했어요.

비행기만큼 빠른 고속철도

고속철도는 전 세계 각국에서 운행해요. 유럽에는 프랑스, 스페인, 독일이 대표적인 나라예요. 러시아, 중국, 미국처럼 땅이 넓은 나라에서 고속철도는 제 역할을 톡톡히 해낸답니다. 땅이 넓고 인구가 많은 인도에도 고속철도가 생길 예정이에요.

우리나라도 2004년부터 고속철도를 운행하고 있어요. KTX라 부르는 고속철도가 서울-부산, 서울-목포 등을 다닌답니다. 예전에는 서울에서 부산까지 4시간 10분 정도 걸렸는데 KTX가 생기면서 빠르게는 2시간 15분이면 갈 수 있어요.

고속철도의 최고 속도는 매우 빨라요. 시험 운행에서 일본 신칸센은 시속 603km, 프랑스의 테제베TGV는 시속 575km를 기록했어요. 우리나라에서 개발하고 있는 '해무'라는 고속철도는 최고 속도가 시속 430km까지 올라가요. 이처럼 빠른 속도를 낼 수 있지만 실제 운행할 때는 안전을 비롯한 여러 이유로 시속 300km 정도 속도만 낸답니다.

가장 긴 기차

기차는 상상 이상으로 길어요. 석탄이나 광석을 옮기는 화물기차 중에서 가장 긴 것은 오스트레일리아의 BHP 빌리튼이라는 광산업체가 보유하고 있어요. 2001년 6월 21일에 운행한 이 기차는 682개의 칸을 연결해 7.3km의 길이를 기록했죠. 이때 기차와 화물을 합친 무게만 해도 8만 2000톤이었다고 해요. 일반화물 기차 기록은 미국의 유니언 퍼시픽이라는 회사가 세웠어요. 2010년 1월 8일부터 10일까지 텍사스에서 로스앤젤레스로 간 기차였어요. 296개의 컨테이너를 실었는데, 길이가 5.5km였죠. 무게도 1만 4059톤이었어요.

사람을 태우는 여객기차 중에서는 스위스 철도회사가 레티셰가 운행한 기차가 가장 길어요. 2022년 10월 철도 개통 175주년을 기념해 알프스에서 객실 100량을 연결한 길이 1910m짜리 기차를 운행했어요.

엔진으로 움직이는 탈것들

움직이기 위해선 힘이 필요해서 사람들은 탈것을 발명했어요. 적은 힘으로 더 멀리 더 빠르게 움직이고 더 무거운 짐을 옮길 목적이었죠. 움직이는 탈것은 사람이 직접 힘을 써야 하는 것과 스스로 달리는 것으로 나뉘어요.

타이탄 테렉스

🚗 자신의 힘으로 움직이는 것들

자전거는 사람이 발로 페달을 돌려야 앞으로 나아갈 수 있어요. 오토바이, 자동차, 배, 비행기는 사람이 힘을 쓰지 않아도 움직인답니다. 자동차의 한자는 自動車예요. 스스로(自) 움직이는(動) 수레(車)라는 뜻이죠. 오토바이autobicycle 또는 모터사이클motorcycle도 각각 '자동으로 움직이는' 또는 '모터에 의해 움직이는' 자전거를 의미해요.

🚙 연료를 태워서 힘을 만드는 엔진

자동차가 스스로 달리려면 힘을 내는 무언가가 있어야 해요. 그 힘을 내는 부분을 '엔진'이라고 한답니다. 엔진은 연료를 태운 열에너지를 운동 에너지로 바꿔요.

엔진의 종류는 여러 가지예요. 자동차, 오토바이, 배에는 내연기관이 들어가요. 내연기관은 연료를 태울 때 나오는 힘으로 엔진 안에 있는 피스톤을 움직이죠. 피스톤은 주사기 피스톤처럼 아래위로 움직이는데, 바퀴로 전달될 때는 돌아가는 힘으로 바뀐답니다. 바퀴가 돌면서 차도 굴러가는 거죠.

엔진은 연료를 먹고 움직여요

엔진은 연료를 태워서 작동하는데 연료는 가솔린 아니면 디젤이에요. 석유를 분리하면 성분이 다른 여러 가지 물질로 나뉘어요. 휘발유라고 하는 가솔린과 경유라고 부르는 디젤이 대표적이지요.

엔진 대신에 전기 모터를 써서 달리는 차도 있어요. 전기차는 배터리가 모터를 돌려서 힘을 얻는 자동차예요. 여러분이 타고 다니는 지하철처럼 전기차도 전기로 달려요. 휴대전화처럼 전기차의 배터리가 닳으면 충전해서 사용해요.

요즘에는 엔진과 전기 모터를 결합한 하이브리드라는 자동차도 나와요. 기본적으로 엔진이 돌아가고 필요할 때는 전기 모터가 힘을 보태요. 수소를 이용해 달리는 자동차도 있답니다. 수소 자동차 엔진에 수소를 불어넣는 방식이거나 수소로 전기를 만들어 모터를 돌리는 방식으로 나뉘어요. 엔진이나 모터처럼 차를 움직이는 힘을 내는 부분은 탈것의 필수 요소예요.

렉서스 RX 하이브리드

필 50

가장 작은 차, 가장 큰 차

세상에서 가장 작은 차는 영국의 자동차 회사가 만든 필PEEL 50이에요. 성인 1명이 타고 쇼핑백 하나를 실을 수 있어요. 정원은 1명이고, 문도 하나, 헤드라이트도 가운데 하나 달렸어요. 50cc 엔진이 4마력을 내고(보통 경차의 1/20), 시속 65km까지 속도를 낼 수 있어요. 길이는 134cm에 폭은 90cm, 무게는 65kg이랍니다.

세상에서 가장 큰 차는 기준을 어떻게 잡느냐에 따라 달라져요. 대체로 광산이나 건설 현장에서 사용하는 홀 트럭haul truck이 큰 차에 속해요. 길이는 10~20m이고, 무게는 수백 톤이에요. 홀 트럭 중에서도 실을 수 있는 화물의 무게가 300톤을 넘어가면 울트라 클래스로 분류해요. 테렉스 타이탄, 벨라즈 75710, 캐터필러 797시리즈 등이 큰 트럭으로 유명해요.

못다 한 이야기 8

태엽으로 가는 차를 생각한 레오나르도 다 빈치

사람들은 오래 전부터 자동차를 상상했어요. 상상을 실현할 기술이 발달하지 못해서 실제 발명으로 이어지지 않았죠. 여러분이 지금 허황된 상상이라고 생각하는 것도 언젠가 이루어질 수 있을 거예요.

생각을 실현하려면

훌륭한 생각과 구상이 있어도 실현하려면 현실 상황이 맞아떨어져야 해요. 화성에 우주 식민지를 건설하겠다는 계획을 세워도 오가는 우주선이 없다면 아예 실현할 수 없죠. 자동차를 구상했어도 뒷받침하는 기술이나 요소가 부족하면 생각에 그치고 말아요.

자동차가 개발되기 오래전부터 자동차를 구상한 사람은 여럿 있었답니다. 비록 그들의 생각이 자동차 발명으로 이어지지는 않았지만 자동차가 탄생하는 데 알게 모르게 영향을 끼치고 밑바탕이 됐어요.

자동차를 상상한 사람들

고대 그리스의 시인 호메로스Homeros가 쓴 《일리아드》라는 책에도 자동차에 관한 이야기가 나와요. 헤파이토스라는 신이 '순금 바퀴가 달리고 스스로 움직이는 수레 20대'를 만들었다는 이야기가 나오죠. 영국의 철학자 로저 베이컨Roger Bacon(1214~1294)은 《과학적 근대철학》이라는 책에서 "먼 훗날에는 동물의 힘을 빌리지 않고 스스로 달릴 수 있는 수레가 나온다"라고 적었어요. 그뿐 아니라 그는 비행기와 기선도 예견했어요. 결국 악마의 기적을 일으키려 한다는 모함을 받아서 감옥에 10년 동안 갇히기도 했죠. 이 책은 그가 죽은 후에 300년 동안이나 금서가 됐다고 해요.

레오나르도 다 빈치 / 시몬 스테빈의 수레

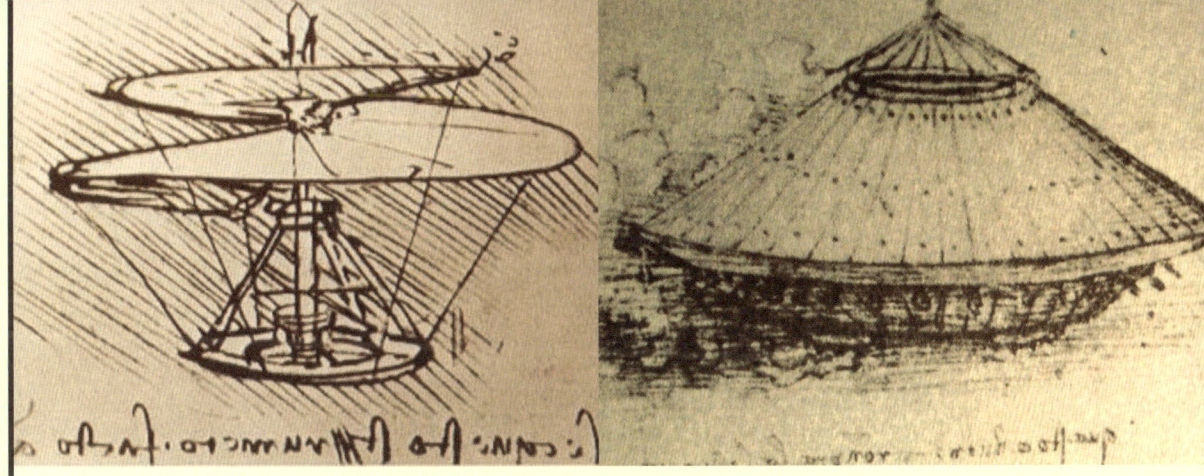

레오나르도 다 빈치가 그린 헬리콥터 레오나르도 다 빈치가 그린 탱크

태엽으로 자동차가 움직여요

르네상스 시대에 이탈리아 레오나르도 다 빈치Leonardo da Vinci(1452~1519)는 1482년 태엽의 힘으로 움직이는 자동차를 만들었어요. 다빈치는 성당에 걸린 대형 벽시계의 태엽을 감다가 잘못해서 태엽 감는 열쇠가 튕겨 나와 이마를 다쳤다고 해요. 태엽이 풀리는 힘에 관한 생각이 떠올랐고 이를 응용해 태엽 자동차 스케치를 남겼어요.

1600년경 폴란드 수학자 시몬 스테빈Simon Stevin(1548/49~1620)은 지름 1.5m나 되는 큰 나무 바퀴 4개가 달린 수레를 만들었어요. 돛단배처럼 돛이 달려서 바람의 힘으로 달리는 수레였죠. 28명을 태우고 68km나 달렸다고 해요.

증기자동차도 있었어요

1668년 벨기에의 사제 페르디난트 페르비스트Ferdinand Verbiest(1623~1688)는 바퀴 4개가 달린 길이 60cm짜리 증기자동차를 만들었어요. 고정된 다섯 번째 뒷바퀴를 이용해 방향을 잡았고, 물을 가득 채우면 한 시간 정도 달렸다고 해요. 《아스트로노미아 유로피아》에는 이 차에 관해 자세히 묘사되어 있어요.

1680년 영국의 과학자 뉴턴은 증기를 뒤쪽으로 내뿜어 그 힘으로 달리는 자동차 모형을 구상했어요. 실물로 만들지는 못했다고 해요.

8부 탈것의 역사 239

ⓒ 임유신 2023

초판 1쇄   2016년 5월 13일
초판 5쇄   2021년 7월 5일
개정판 4쇄 2025년 7월 7일

지은이 임유신
펴낸이 정미화 **기획편집** 정미화 정일웅 **디자인** 형태와내용사이
펴낸곳 이케이북(주) **출판등록** 제2013-000020호 **주소** 서울시 관악구 신원로 35, 913호

전화 02-2038-3419 **팩스** 0505-320-1010 **홈페이지** ekbook.co.kr **전자우편** ekbooks@naver.com

ISBN 979-11-86222-50-8 74550
ISBN 979-11-86222-49-2 (세트)

• 이 책은 저작권법에 따라 보호받는 저작물이므로 무단 전재와 복제를 금합니다.
• 이 책의 일부 또는 전부를 이용하려면 저작권자와 이케이북(주)의 동의를 받아야 합니다.
• 잘못된 책은 구입하신 곳에서 바꾸어드립니다.